CARMA E CASTIGO

© 2021 por Monja Coen e Nilo Cruz
© iStock.com/Orla

Coordenadora editorial: Tânia Lins
Coordenador de comunicação: Marcio Lipari
Capa e projeto gráfico: Equipe Vida & Consciência
Preparação: Equipe Vida & Consciência
Revisão: Equipe Vida & Consciência

1ª edição — 1ª impressão
15.000 exemplares — novembro 2021
Tiragem total: 15.000 exemplares

**CIP-BRASIL — CATALOGAÇÃO NA PUBLICAÇÃO
(SINDICATO NACIONAL DOS EDITORES DE LIVROS, RJ)**

C622c

    Coen, Monja, 1947-
    Carma e castigo / Monja Coen, Nilo Cruz. - 1. ed., reimpr. - São Paulo : Vida & Consciência, 2021.
    224 p. ; 21 cm.

    ISBN 978-65-8859-921-1

    1. Carma. 2. Vida espiritual - Zen-budismo. I. Cruz, Nilo. II. Título.

21-73145   CDD: 294.3927
                                  CDU: 244.82

Todos os direitos reservados. Nenhuma parte desta edição pode ser utilizada ou reproduzida, por qualquer forma ou meio, seja ele mecânico ou eletrônico, fotocópia, gravação etc., tampouco apropriada ou estocada em sistema de banco de dados, sem a expressa autorização da editora (Lei nº 5.988, de 14/12/1973).

Este livro adota as regras do novo acordo ortográfico (2009).

Vida & Consciência Editora e Distribuidora Ltda.
Rua das Oiticicas, 75 — São Paulo — SP — Brasil
CEP 04346-090
editora@vidaeconsciencia.com.br
www.vidaeconsciencia.com.br

MONJA COEN e NILO CRUZ
CARMA E CASTIGO

À Fábia, filha e esposa, que nos une, e à nossa ancestralidade que nos permite viver agora.

Monja Coen
Nilo Cruz

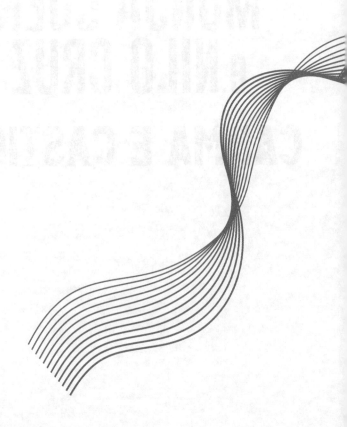

*Nosso agradecimento à rádio
Vibe Mundial, onde mantemos o programa
Momento Zen desde 2013, e especialmente
à pessoa de Miriam Morato, por ter
promovido a aproximação entre a editora
e nós, que resultou nesta edição.*

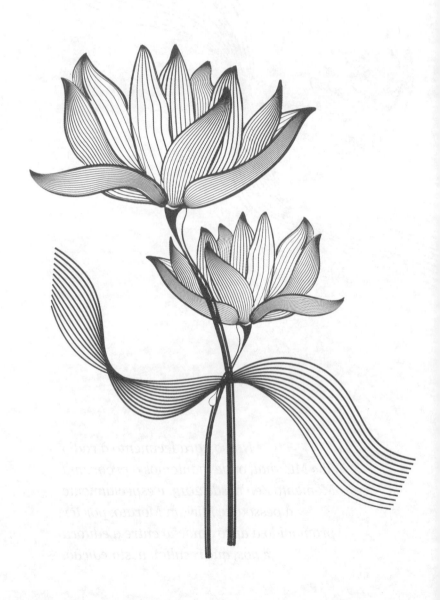

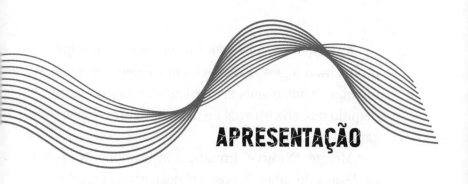

APRESENTAÇÃO

Há leis que regem o universo.
Há leis criadas por nós, seres humanos.
A pesquisa para me aprofundar nos ensinamentos sobre o carma e a do Nilo sobre carma e castigo foram interessantes e clarificaram muitos aspectos que precisavam ser mais bem conhecidos.

Aqui, apresentamos alguns aspectos de um assunto complexo, antigo, mal compreendido. A Lei do Carma, da Causalidade, da Origem Dependente, da Interdependência e Impermanência — bases do zen-budismo.

Não tenha pressa em ler. Apenas urgência.
Atente para os detalhes das palavras escolhidas. Reflita.

Não é um romance nem mesmo crônicas soltas sobre instantes vividos ou imaginados.

É mais um estudo sobre as leis do universo e as leis humanas. Entrelaçadas e diversas.

Aprecie e perceba que carma você pode estar produzindo agora. Receberá um castigo por suas dúvidas, faltas e seus erros? Ou receberá o efeito daquilo que cria através de palavras, gestos e pensamentos? Cuidado!

Medite. Observe. Investigue. Questione. Nunca desista do saber. É possível despertar, entender e perceber que há muito mais a ser conhecido, desvendado e compreendido.

Mãos em prece.

Monja Coen

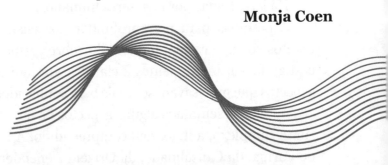

Só consigo pensar que, se você está com este livro nas mãos, é porque — como eu — já ouviu ...centas vezes a palavra "carma" usada sob a noção de castigo. Até em palavras cruzadas encontra-se, por exemplo, a dica "Destino negativo, na visão popular" e cuja solução apresentada é "carma". Nós, ocidentais, temos pouca ou quase nenhuma familiarização com as culturas orientais, em geral, e muitas confusões conceituais acabam surgindo.

Ao longo destes últimos anos, trabalhando com a mestra Coen na produção do programa de rádio *Momento Zen*, que ela apresenta na Vibe Mundial, tive a oportunidade de adentrar o universo zen-budista e adquirir uma melhor compreensão do carma. Então, certa noite, quando estávamos a caminho da rádio, cogitei com minha sogra a possibilidade de escrevermos algo que se aproximasse de esclarecer os conceitos de carma e castigo, em um esforço para dissipar esta névoa que encobre estes temas.

O que oferecemos aqui é um suporte para que você possa dar umas braçadas neste oceano que é o carma e melhor visualizar onde mora o castigo. Umas braçadas e alguns mergulhos também, mas sem procurar esgotar o que é inesgotável. E aqui está. Boa leitura.

Nilo Cruz

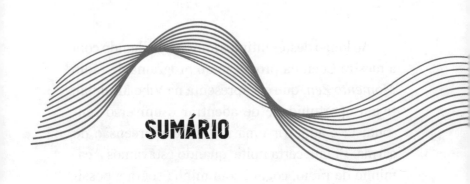

SUMÁRIO

A GRANDE MEMÓRIA 13
COMO AS ONDAS DO MAR 22
CASTIGO É UM CONCEITO 31
A VISÃO ESPÍRITA 38
ALMA OU ESPÍRITO 55
POR AÇÃO OU POR OMISSÃO 61
ORIGEM DEPENDENTE OU
ORIGEM INTERDEPENDENTE? 75
TRÊS VENENOS 90
(DES)ENVOLVIDOS 99
ERRO DE LEITURA 107
A DESCOBERTA 111
ONDE ESTÁ GAUTAMA? 121
O NIRVANA 131

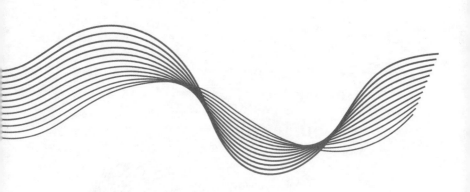

A FILOSOFIA DO CASTIGO	134
OS RESPONSÁVEIS SOMOS NÓS	149
INTERSENDO	153
MAIS CEDO OU MAIS TARDE	159
CARMA COLETIVO E CARMA INDIVIDUAL	164
ASSIM COMO É	166
CONCLUÍMOS	172
REFERÊNCIAS	177
APÊNDICES	184
Os quatro dianas	184
Quatro concentrações da não forma	188
Carma, obstáculos e superação	190
Textos budistas e zen-budistas	196
Purushasukta, o mito védico	197
Prajāpati, o mito brâmane	207

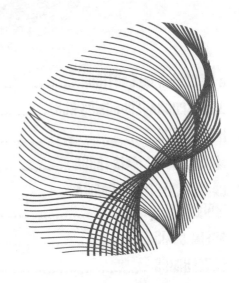

A GRANDE MEMÓRIA

Carma não é castigo.
Carma (do sânscrito *karman*) significa, literalmente, ação.
É uma energia potencial residindo no mais íntimo da vida e que pode se manifestar em várias formas e em diferentes momentos: presente, futuro próximo e futuro distante. Ações repetitivas que deixam marcas, tendências impressas. Sementes adormecidas em uma das consciências mais profundas dos seres humanos.
Essa consciência, chamada de *alaya shiki*, em sânscrito, é como um grande arquivo de sementes com capacidade de serem regadas, fertilizadas. Causas e condições provocam o desenvolvimento das sementes, que, se e quando ativadas, influenciam a vida atual.
Alaya shiki ou *alaya-vijnana* é essa grande memória, semelhante à nuvem nos computadores,

onde tudo pode ser guardado, depositado, desde tempos antigos. Essa memória não é fixa nem permanente. Está sempre sendo ativada e modificada. Quando há um estímulo, como o clicar de um ícone no computador para buscar na nuvem, algo surge na tela da sua vida. Tudo acontece com grande rapidez. O processo da mente humana é muito mais rápido do que em qualquer computador atual. Tão rápido e eficiente que nem percebemos que está ocorrendo incessantemente.

Estes ensinamentos são de um livro chamado *Yuishiki*, que analisa a vida e a eternidade da vida. Foi escrito no século V por um monge indiano chamado Vasubandhu, que também escreveu um outro livro, *Kusha*, que trata do mesmo assunto, mas com analogias diferentes.

Nos ensinamentos de *Yuishiki*, cada uma das nossas vidas é como se fosse uma onda no mar. A onda surge quando causas e condições se manifestam. Há energias — tanto sutis e invisíveis, como mais grosseiras e visíveis — que provocam o movimento da onda. Esta pode ser alta ou baixa, uma pequena marola ou uma onda gigantesca. Pode ser um tsunami ou um pequeno movimento na superfície. Seja como for, cada uma tem começo, meio e fim. Ao terminar, dá origem à onda seguinte, que surge com algumas características da onda anterior. Entretanto, durante todo o tempo, é água salgada, é mar.

Talvez possamos comparar com os dois nomes que os gregos davam à vida: *Zoé* — o todo manifesto e se movimentando, sem princípio nem fim — e *Bio* — cada uma de nossas vidas com começo, meio e fim. Seja como for, a energia da vida nunca é desperdiçada. De uma surge outra, mas nunca é exatamente a mesma, pois tudo está se movendo incessantemente. Nossa vida é criada e destruída de instante a instante, transformada. Tudo o que existe é *shiki*, que podemos chamar de consciência ou forma. São como algoritmos, tais como átomos, prótons, elétrons, ou seja, microscópicas partículas em movimento contínuo.

No *Kusha*, outro trabalho de Vasubandhu para explicar a eternidade da vida, essa energia é chamada de carma. A energia que causa uma vida é condição de outra vida e efeito subsequente. Carma é movimento, ação, Lei da Causalidade. São dois textos do mesmo autor, com diferentes analogias que não se opõem, mas se completam.

No *Yuishiki*, a mente humana é definida como composta por nove consciências. As primeiras seis se manifestam em conexão com cada um dos sentidos:

1. consciência ou *shiki* dos olhos, da visão, dos objetos de visão;

2. consciência ou *shiki* dos ouvidos, da audição, do som;
3. consciência ou *shiki* das narinas, do olfato, dos odores;
4. consciência ou *shiki* da língua, do paladar, dos sabores;
5. consciência ou *shiki* do corpo, do tato, das sensações;
6. consciência ou *shiki* da mente, do cérebro, do processo de pensar, de gerenciar e organizar tudo o que entra pelos órgãos dos sentidos.

Até aqui, todos compreendemos, sem que haja nenhuma dúvida. A partir do sétimo *shiki*, é que precisamos ter mais cuidado para entender as explicações que Buda deixou a seus seguidores.

1. *Mana shiki* é a consciência transportadora que leva e traz as informações captadas pelos órgãos dos sentidos até à grande memória. De lá, traz a resposta ou a reação que manifestaremos frente à informação que chegou. Alguns estudiosos budistas afirmam que a crença enganosa de algo eterno e permanente se deve a este movimento da sétima consciência, que leva e traz as informações para a oitava

consciência. Esta grande memória pode dar a impressão de algo eterno, fixo, estável e permanente. Entretanto, assim como qualquer arquivo ou memória, esta consciência também está sempre em movimento e transformação. É um fluxo constante de informações chegando e saindo, mantendo hábitos ou provocando novos comportamentos, respostas. Sementes antigas são estimuladas e provocam o surgimento de novas sementes. Neste ir e vir, aparecem atitudes, palavras, pensamentos, gestos, comportamentos, que podem ser alterados em contato com a realidade presente e assim gerar novas sementes que serão arquivadas. Nada fixo ou permanente, embora essa memória possa ser a memória da própria vida humana na Terra.

2. *Alaya shiki* é a grande memória que não julga nem diferencia, capaz de manter juntas a verdade e a falsidade. Neste grande arquivo, tudo é armazenado na forma de possibilidades, como sementes aguardando serem convocadas a se manifestar na vida presente ou serem arquivadas para se manifestarem mais adiante. A consciência *alaya*, armazenadora, não desaparece

com a morte física. Nela estão as sementes aguardando causas e condições para se desenvolverem. Assim continua o fluxo cármico incessante no processo vida-morte-vida. *Alaya-vijnana* é o movimento da consciência, dos vários eventos mentais, e *alaya jnana* é o termo sânscrito para sabedoria, é o olhar interior, a quietude. Através do *jnana*, podemos ver, acordar para a nossa própria natureza. Despertar para a natureza Buda. Geralmente, está ligada à nona consciência. Alguns autores nem consideram uma nona, *anmora shiki*, pois estaria incluída na *alaya jnana*.

3. A nona e última consciência, que também não desaparece com a morte física, é chamada de *anmora shiki*. Esta é a natureza pura, o "assim como é".

Segundo Bodaidaruma ou Bodidarma, considerado o fundador do zen-budismo na China, no século VI, quando a pessoa desperta, quando é capaz de acessar a compreensão de sua própria natureza e ver o mais íntimo de si mesmo, pode cessar no presente a produção de carma anteriormente arquivado.

Os dois últimos *shiki* — o oitavo e o nono — podem ser confundidos. O nono é como o oceano. No oitavo e nono, não há nascimento nem morte. É a natureza pura, é o mar, a água salgada, onde tudo se manifesta, surge e desaparece momentaneamente. O sétimo e o sexto também são o mar, bem como todos os outros cinco. Entretanto, a nossa falta de percepção correta faz com que pensemos estar separados do todo, que nossas vidas estão isoladas e separadas da grande realidade, que é sempre a nossa própria vida-morte.

O sétimo *shiki* transporta e mantém a autoconsciência permanente e está em direta relação com o sexto: o corpo e a mente que nascem e morrem. Mas, lembre-se, o que nasce e morre é a onda que nunca saiu do mar, que nunca deixou de ser mar.

No *Yuishiki*, há um poema intitulado "Fluir como uma cachoeira":

> *A semente revela a ação presente*
> *A ação presente se imprime na semente*
> *O triângulo se completa*
> *Causa e efeito unidos*

Há sementes na grande memória, no imenso arquivo chamado *alaya shiki*. A consciência transportadora traz essas sementes à superfície, ao momento presente. Chegando ao instante atual, a semente manifesta-se em uma ação. Essa ação e seu resultado são levados de volta à grande memória. Esse processo pode ser chamado de ação da natureza buda, de *shiki* e, outras vezes, de carma. É um processo contínuo, incessante, simultâneo, fluido. De momento a momento, como as gotas que formam as águas de uma cachoeira. Sem nada fixo ou permanente. Tanto na vida quanto na morte. Sem nenhum eu fixo ou permanente. Cada instante único. E vamos nos transformando das experiências anteriores ao encontro de novas experiências. Nunca somos as mesmas pessoas.

Todas as experiências guardadas, conservadas, são a fonte de nossa maneira de responder ao mundo. A semente influencia nossa maneira de falar, pensar e agir. Fala, pensamento e ação no presente são levados ao grande depósito, formando nova semente, já modificada. Assim, nossa vida continua.

No *Kusha*, a vida contínua é explicada por quatro existências:

1. vida presente;
2. morte;
3. vida intermediária;
4. concepção.

Vida intermediária está em constante transformação, sem qualquer entidade fixa. Lembra uma corrente elétrica, que pode atravessar todos os supostos obstáculos. Ou seja, não há obstáculos. Pode voar em segundos. Alimenta-se de fragrâncias. Segundo *Kusha*, essa vida intermediária funciona como a lei de conservação e energia: nada se cria, nada se destrói, tudo se transforma. Ou seja, pode ter intelecto, emoção, vontade, cinco órgãos sensoriais muito sutis, tênues.

O carma é transmitido para a vida intermediária no momento da morte. Cria uma impressão em um material como lama ou cera quente. Esse desenho gravado é o carma. Tudo o que foi gravado e vivido de forma repetitiva fica impresso. A vida intermediária continua seu movimento incessante de nascer e morrer momentâneos, ou seja, transformações constantes — como na vida presente. De sete em sete dias, espera ser concebida, tornar-se outro ser. A vida intermediária tem um poder místico para ver, sentir e encontrar, escolher seus pais e está presente no momento da concepção. O carma é transmitido para a célula da nova vida.

Tanto o *Yuishiki* como o *Kusha* confirmam que a vida é contínua, mas nunca é a mesma. Desta constatação surge a crença em *anatman* — não *atman*, não alma eterna e permanente.

Por muitos anos, tenho tentado compreender os ensinamentos de Buda, comparando-os com conceitos atuais de genética e DNA. No momento da concepção, certamente já estávamos lá. Onde mais poderíamos estar?

COMO AS ONDAS DO MAR

Após a morte e no período intermediário, as transformações, os nascimentos e as mortes são contínuos, logo, quem nasce não é aquele ou aquela que morreu. Há uma continuidade descontínua. Tanto na vida presente, quanto na morte, na vida intermediária e na concepção.

No momento de o óvulo ser fecundado, as tendências genéticas do pai e da mãe estão no DNA, que cria um ser, baseado nas informações anteriores preservadas há milênios e fazendo novas combinações. O carma — tanto as tendências genéticas, como as memórias gravadas — pode ser ativado por estímulos externos e internos para produzir algum efeito. Este pode se tornar causa ou condição de outro carma, que, ativado, se manifestará. Ou seja, um processo contínuo, incessante, sem que haja uma alma fixa e permanente.

Anatman é um dos princípios básicos do budismo. A sílaba "an" é uma negativa, colocada antes da palavra *atman*, que corresponde à ideia de alma imortal. Assim sendo, *anatman* é não alma imortal. Tudo é perene e em transformação constante. Buda nega qualquer estado fixo e permanente. Tudo está sempre em constante movimento e transformação, sem que haja uma autoidentidade substancial fixa e permanente. Essa é a base do budismo. Esse é um dos selos do Darma de Buda (o Nobre Caminho), selo como um carimbo, uma autenticação, que confirma ser um ensinamento deixado por Xaquiamuni Buda há mais de 2.600 anos.

A pergunta que não cala: então, o que é o carma e como ele pode passar de um instante a outro, de uma vida para outra?

Uma marca invisível. Como a dos pássaros no ar. Conforme a espécie, sempre voam nas mesmas alturas. Para os pássaros, o ar e o céu não têm começo nem fim, mas as alturas e as maneiras de voar são particulares para cada bando. Nós não vemos suas marcas, mas os da mesma espécie carregam em si a memória ancestral — chamada também de instinto —, que os permite sobreviver.

Para os peixes, o mar também não tem começo nem fim. Eles nunca saem do seu elemento e raramente nadam em profundidades diferentes da sua espécie. Nós não somos capazes de ver suas rotas, não percebemos suas ondas e níveis de profundidade. Mas cada espécie é preservada pelo instinto, a memória ancestral.

Certamente, os estudiosos de pássaros e peixes são capazes de identificar as espécies. Aqueles capazes de se transformar em peixes e pássaros — como alguns xamãs — vivem em grande intimidade com qualquer forma de vida. Estarão peixes e pássaros sujeitos à Lei do Carma? Será que seus voos e suas nadadas criam e transformam causas e condições?

Sim e não.

É preciso entender que nem tudo é carma. Se tudo fosse carma, carma não existiria. São algumas ações que, repetitivas, acabam criando efeitos — imediatos ou a posteriori — ligados à tendência de continuar se repetindo.

Não é o instinto das aves, peixes e animais. Nem o instinto humano. Algo que é repetido e causa sua própria repetição, sem ser a mutação da espécie. Uma tendência emocional repetitiva de responder ao mundo, guardada como uma semente. Quando a semente é regada, ativada, pode se abrir e se manifestar. Não é a mesma semente nem a mesma resposta. Mas é análoga.

Se voltarmos à analogia do mar e das ondas, podemos dizer que cada vida humana é uma das ondas do mar. Com começo, meio e fim. A onda, sendo uma continuidade das ondas anteriores — embora passe por novas circunstâncias —, pode repetir alguns dos movimentos provocados pelas ondas anteriores. Não é a mesma onda, mas a continuidade desta, que recebe os efeitos da anterior. Alguma alma fixa e permanente? Não para Buda. Tanto no nascimento, na vida presente, na morte e na vida intermediária, a onda está se transformando, se movendo, influenciando e sendo influenciada por causas e condições.

Claro que um ser humano não é exatamente igual a uma onda do mar. Temos um intelecto, e há aspectos de mente, espírito, essência que não desaparecem completamente com a morte. Estes continuam a ser transformados durante a vida intermediária, sofrendo efeito do carma produzido durante a vida presente e podendo causar um nascimento e uma vida influenciada pelo carma anterior. É um movimento contínuo, vibratório, ininterrupto, em que cada menor partícula é responsável pelas alterações no todo; em que micro e macrocosmos interagem.

Aliás, esta interação já era a grande busca do ritual de sacrifício védico[1], que está nas origens mais remotas da doutrina do carma: integrar-se ao cosmo. Na cosmogonia védica, narrada no hino Purushasukta, o universo foi criado a partir do sacrifício de um ser antropomorfo primordial, o gigante Purusha (a palavra em sânscrito significa "homem"), desmembrado pelos deuses. De suas partes emanaram os animais, o Céu, a Terra, os fenômenos naturais e tudo mais. De seus órgãos, surgiu o ser humano. (Conheça os mitos cosmogônicos e os ritos sacrificais veda e brâmane nos Apêndices)

Na trilogia *História das crenças e ideias religiosas*[2], o romeno Mircea Eliade aponta que "A Criação propriamente dita é o resultado de um sacrifício cósmico"[3] e esclarece que: "A função exemplar des-

---

[1] Os Vedas (em sânscrito, conhecimento) são quatro livros escritos a partir de 2000 a.C., aproximadamente. Constituem o primeiro período religioso hindu e abordam não só reflexões religiosas e prescrições rituais, mas também narrativas históricas, hinos e até tratados jurídicos e militares, entre outros.

[2] ELIADE, Mircea. **História das Crenças e Ideias Religiosas**. Livro I. Tradução Roberto Cortês de Lacerda. Rio de Janeiro: Zahar, 2010. Tradução realizada a partir da reimpressão francesa da obra em 1996. A trilogia foi editada originalmente em francês por Payot, de Paris, França, em 1976, e também foi publicada no Brasil pela Zahar Editores, em 1978.

[3] Ibid., p. 217.

se sacrifício é salientada na última estrofe (16): 'Os deuses sacrificaram o sacrifício pelo sacrifício'; em outras palavras, Purusa era ao mesmo tempo vítima sacrifical e divindade do sacrifício"[4]. Ou seja, Purusha contém em si a dualidade de dimensão concreta da realidade e transcendência.

A relação entre ato e mundo é evidente na discussão dos relatos da iniciação, quando o oficiante — através da atividade do rito — cria um mundo para si mesmo (algumas ações levam um indivíduo a obter um mundo específico após a vida, o qual é previamente configurado na esfera ritual). Quando de sua iniciação, faz para si mesmo, e é como se morresse para o ser que era anteriormente. A morte real é seu último ritual de sacrifício, de entrega total. Quando se torna iniciado, nasce no mundo que criou através do ritual. Por isso é dito: "O ser humano nasce no mundo que foi feito (por ele mesmo)"[5].

A iniciação é a morte para o mundo comum e o nascer no mundo dos sacrifícios rituais. A noção

---

[4] Ibidem.
[5] TULL, Herman W. **The Vedic Origins of Karma:** Cosmos as Man in Ancient Indian Myth and Ritual (As Origens Védicas do Carma: O Cosmo como o Homem nos Antigos Mito e Ritual Indianos, em tradução livre, ainda sem edição no Brasil). Suny Press: Albany, 1989. p. 105.

deste nascimento é a identificação daquele que faz o rito do sacrifício com o de um embrião: a pessoa nasce para o mundo ritual.

Em *The Vedic Origins of Karma*[6] (As Origens Védicas do Carma), Herman Tull observa que: "O mundo do sacrifício é intencionalmente feito para assemelhar-se ao cosmo. Os ritualistas védicos procuravam, em sua própria atividade sacrifical, recriar os eventos primordiais que formaram o cosmo"[7].

No entanto, se o que formou o cosmo foi um sacrifício de desmembramento, pode-se inferir que tal recriação, no ritual, resultaria em o sacrificador ofertar a própria vida (uma vez que é para ser ele mesmo o beneficiário do ritual de sacrifício). Então, esta questão foi contornada com substitutos para a figura do sacrificador, como grãos, animais, ouro e outros, sob a justificativa de que "assim como a arena sacrifical, por si mesma, representava um cosmo simbólico, então, também a morte que acontecia no ritual era apenas simbolicamente a do sacrificador"[8], como observa Tull.

A natureza da existência depois da vida é determinada pelos tipos de atividades rituais que

---
6 Ibidem.
7 Ibid., p. 1.
8 Ibidem.

se produz durante sua vida. Assim, a morte que ocorre na iniciação está relacionada com as atividades rituais durante a vida. A morte ocorrer várias vezes é importante no pós-vida védico: a primeira morte, quando a semente é produzida. A segunda morte, quando se torna iniciado. A terceira morte, quando morre.

Vale lembrar que a tradição védica pressupõe a integração com o cosmo após a morte somente depois de uma vida inteira de práticas sacrificais. Diz o *Xatapatha Brahmana*:

> Os que se vão antes dos 20 se tornam apegados ao mundo do dia e da noite; os que se vão depois dos 20 e antes dos 40 se apegam ao mundo das duas semanas; os acima de 40 e abaixo de 60, ao dos meses; acima dos 60 e antes dos 80, ao das estações; acima dos 80 e antes dos 100, ao do ano. Apenas os que vivem mais de cem anos obtêm o estado da imortalidade.

Viver mais de cem anos, no caso, pressupõe sacrificar por cem anos, vida afora, para alcançar este estado. Quem faz sacrifícios por cem anos realiza o rito como seu penúltimo sacrifício — o último é o sacrifício do rito fúnebre, de sua própria morte. Esse sacrifício é chamado *smasanacayana* (construção do lugar de funeral), entendido como complementar ao *agnicayana* (altar de fogo), uma vez que representa "o *continuum* entre o ritual e a jornada final para o outro mundo"[9].

Enfim, somente quando da morte verdadeira do sacrificador, seu corpo seria usado como oferenda no chamado "sacrifício final" (*antyesti*), que, como explica Tull, "[...] passa o sacrificador do mundo do ritual para o grande cosmo"[10]. É nesta etapa que o sacrificador se torna *saloka*, ou seja, um só com o mundo.

---

9 Ibid., p. 108.
10 Ibid., p. 2.

CASTIGO É UM CONCEITO

Uma coisa é certa: o carma não desaparece e terá seus efeitos, porque nós todos estamos subordinados à Lei da Causalidade. No entanto, efeitos não são castigos. Do castigo até se pode escapar; do carma, não. Além disso, o castigo em si já é ação e, portanto, gerador de carma, não consequência dele. O castigo é apenas uma criação da mente humana, como todos os demais conceitos formulados pelo cérebro — e a humanidade já criou mais formas de castigo do que ideias e ideais de bem-viver (você poderia criar uma nova forma de castigo agora mesmo).

Não se sabe qual foi o primeiro castigo praticado na face deste planeta. Não se sabe se hominídeos castigavam. Não se conhece o ponto zero do senso de castigo. Sabe-se apenas que está impregnado em todas as sociedades. Os primeiros conceitos de posse e liberdade parecem ter atuado juntos para uma concepção de punição, uma vez que, em busca de proteção aos próprios bens, parece natural que seres humanos prefiram um conjunto de regras coletivas (e castigos para suas transgressões), mesmo tendo que abrir mão de, justamente, alguma liberdade. Ou, ainda, como aponta a pesquisadora Katarina Ribeiro Peixoto,

> Uma consideração tímida da realidade não pode deixar de verificar que a humanidade realizou e realiza ações racionais, irredutíveis e um tanto duradouras. Mesmo tempos sombrios, de guerra, fome e miséria não deixam de ser compreendidos, pela atividade racional dos homens, como correlatos ou participantes de um mundo que deu, ao menos, alguns passos adiante dos macacos. Aliás, a própria referência à guerra, ao conflito de vida e morte, tão atuantes na história humana, pode ser uma fonte segura, realista e ao menos relativamente racional, da origem das condições de possibilidade de exigência de liberdade numa ordem racional da sociedade. A busca por uma, se assim se pode dizer, raiz de tal exigibilidade pode então ajudar a mostrar que, em vez de um acordo racionalmente elevado ou prudente, a organização racional da vida (coletiva) regrada

foi precedida por muitos conflitos, pela ameaça de destruição, pela guerra e, claro, pela morte.[11]

É razoável também dar como certo que bastou a ascensão da primeira autoridade, nos remotos processos da formação de comunidades, que resultariam em cidades. Com a primeira autoridade, as primeiras regras e, por conseguinte, as primeiras punições.

Notório é que castigo e poder andam juntos. Contrariando-se o poder, obtém-se castigo. Quando se é a autoridade contrariada, castiga-se. São deuses que castigam, governantes que castigam, leis que castigam, pais que castigam, amigos que castigam — e castigam-se animais também. Hoje, que sociedade abriria mão do castigo como ferramenta indispensável ao funcionamento regrado de seu código de convivência? "História, literatura, religião e a observação prática, todas sugerem que o castigo sempre desempenhou um papel central na organização das relações humanas", observou o

---

[11] PEIXOTO, Katarina Ribeiro. **Crime e Castigo na *Filosofia do Direito* de Hege**l: um estudo sobre o fundamento da autoridade de punir. 2005. Dissertação (Mestrado) – Programa de Pós-graduação em Filosofia, do Instituto de Filosofia e Ciências Humanas da Universidade Federal do Rio Grande do Sul, Porto Alegre, 2005.

filósofo canadense Wesley Cragg, em artigo intitulado "Castigo"[12].

Papel "central", sentencia o filósofo. Pois, são as regras que orientam o convívio em sociedade e quebrá-las significa prejudicar o tecido social, o que, por sua vez, suscita uma necessidade de punição. As regras mais notórias são obviamente as leis e suas partes coativas, que cominam penas e formam um conjunto de normas superior aos cidadãos, como uma nuvem ameaçadora sobre a cabeça de todos, a lembrar quanto custa um deslize.

O castigo, no entanto, ainda se desdobra em outras modalidades, como o do tipo restritivo, que prevalece nas escolas e nos lares e consiste em tolher o castigado de usufruir de suas atividades prediletas. Como exemplos, incluem-se não poder ir a uma festinha, não poder jogar no celular ou não poder sair para o recreio (isto em tempos modernos, claro, pois são famosos os agora banidos castigos escolares de palmatória ou de ajoelhar-se sobre grãos de milho, entre outros — mas castigos corporais ainda sobrevivem em escolas

---

[12] CRAGG, Wesley. Castigo. Tradução Lucas Miotto. 4 de dezembro de 2010. ISSN 1749-8457. Disponível em: https://criticanarede.com/castigo.html. Acesso em: 13 ago. 2021.

de alguns países[13]). Também existem os (conceitos de) castigos disciplinares ou educativos, cujo objetivo, teoricamente, é didático, a fim de transformar a mentalidade do punido, gerando benefício à comunidade. No entanto, também pode ser coletivo o castigo. A História está repleta de castigos coletivos impostos por impérios e conquistadores a focos de resistência, arrasando povoados e cidades inteiras em represália. Observe-se que sofrem os inocentes também (em 1949, a Convenção de Genebra definiu o castigo coletivo como crime de guerra, incluindo a proibição à pilhagem). A estes somam-se os castigos corporais, que permanecem em culturas diversas, ainda com punições em praça pública, e se destacam entre os mais sombrios impulsos na história da humanidade, tais as formas cruéis com que foram e são aplicados.

Enfim, o castigo tanto é conceito da mente humana que nele observamos um forte componente de arbitrariedade. Na segunda parte de *Humano,*

---

13 No Ocidente, poucos países ainda utilizam o castigo físico nas escolas, entre eles a Grã-Bretanha, a França e alguns estados norte-americanos. CASTIGO CORPORAL. *In:* WIKIPÉDIA, a enciclopédia livre. Disponível em: https://pt.wikipedia.org/wiki/Castigo_corporal. Acesso em: 16 ago. 2021.

Demasiado Humano[14], o filósofo Friedrich W. Nietzsche (nascido no reino da Prússia, atual Alemanha) reflete sobre uma inversão conceitual da punição, a partir dos julgamentos de criminosos reincidentes:

> Já fizeram muitas vezes a mesma coisa, sem experimentar consequências ruins; de repente, há uma descoberta e, em seguida, o castigo. Mas o hábito devia fazer parecer mais escusável a culpa do ato pelo qual o criminoso é punido, pois criou-se uma inclinação à qual é mais difícil resistir. Em vez disso, se há suspeita de crime habitual, ele é punido mais severamente — o hábito é visto como um motivo contra a atenuação. Uma vida anterior exemplar, em relação à qual o crime sobressai de forma ainda mais terrível, deveria tornar maior a culpa! Mas ela costuma atenuar a punição. Assim, tudo é medido não conforme o infrator, mas conforme a sociedade e o dano e perigo para esta.[15]

As discussões sobre o castigo são tão controversas que acabaram por derivar, séculos atrás, para duas correntes filosóficas, que, até hoje, não

---

14 NIETZSCHE, Friederich. **Humano, Demasiado Humano**: Um livro para espíritos livres. Tradução Paulo César Lima de Souza. Companhia das Letras, 2008. Vol. 2.
15 Ibid., parágrafo 28.

lograram formatar um retrato preciso para o castigo, suas justificativas e calibragens, e continuam dividindo opiniões de pensadores ao redor do mundo todo, como veremos mais adiante. Por ora, fiquemos no âmbito religioso, conferindo a noção de castigo em outra fé que também reconhece o carma: o espiritismo.

A VISÃO ESPIRÍTA

A confecção deste trabalho não poderia prescindir da visão espírita. O presidente da Federação Espírita do Brasil, sr. Jorge Godinho Barreto Nery, aceitou gentilmente nos responder algumas questões por escrito, via correio eletrônico, a partir de Brasília/DF, onde está a sede da FEB. Selecionamos perguntas e suas respectivas respostas, as quais, por não sermos versados nos assuntos espíritas, decidimos reproduzir na íntegra, em sua digitação original, sem revisão ou correção, a fim de evitar eventuais distorções nos raciocínios apresentados ou informações incompletas:

1) Ao ler *O Evangelho Segundo o Espiritismo,* de Allan Kardec, depara-se com significativas reflexões, predominantemente de caráter moral e ético. Daí a pergunta: é o Espiritismo uma religião, doutrina ou filosofia?

"O Espiritismo é, ao mesmo tempo, uma ciência de observação e uma doutrina filosófica. Como ciência prática, consiste nas relações que se podem estabelecer entre nós e os Espíritos; como filosofia, compreende todas as consequências morais que decorrem de tais relações.

Podemos defini-lo assim:

O Espiritismo é uma ciência que trata da origem e do destino dos Espíritos, bem como de suas relações com o mundo corpóreo."[16]

Allan Kardec ao comentar a resposta à pergunta 148, de *O Livro dos Espíritos* afirma:

[...] O Espiritismo é, pois, o mais potente auxiliar da religião. Se ele aí está, é porque Deus o permite e o permite para que as nossas vacilantes esperanças se revigorem e para que sejamos reconduzidos à senda do bem pela perspectiva do futuro."[17]

Mais adiante, no item V, Conclusão de *O Livro dos Espíritos*, encontraremos:

O Espiritismo é forte porque assenta sobre as próprias bases da religião: Deus, a alma, as penas

---
16 KARDEC, Allan. *O que é o Espiritismo*. Trad. Evandro Noleto Bezerra. 2. ed. 1ª. imp. Brasília: FEB, 2013. Preâmbulo.
17 KARDEC, Allan. *O livro dos Espíritos*. Trad. Guillon Ribeiro. 83ª. ed. Brasília: FEB, 2002. Perg. 148, p. 111.

> e as recompensas futuras; sobretudo, porque mostra que essas penas e recompensas são corolários naturais da vida terrestre e, ainda, porque, no quadro que apresenta do futuro, nada há que a razão mais exigente possa recusar."[18]

Na mesma Conclusão, item VI, encontramos estas informações:

> [...] Que faz a moderna ciência espírita? Reúne em corpo de doutrina o que estava esparso; explica, com os termos próprios, o que só era dito em linguagem alegórica; poda o que a superstição e a ignorância engendraram, para só deixar o que é real e positivo. Esse o seu papel. O de fundadora não lhe pertence. Mostra o que existe, coordena, porém não cria, por isso que suas bases são de todos os tempos e de todos os lugares. Quem, pois, ousaria considerar-se bastante forte para abafá-la com sarcasmos, ou, ainda, com perseguições? Se a proscreverem de um lado, renascerá noutras partes, no próprio terreno donde a tenham banido, porque ela está em a Natureza e ao homem não é dado aniquilar uma força da Natureza, nem opor veto aos decretos de Deus. [...].[19]

---

18 KARDEC, Allan. *O livro dos Espíritos*. Trad. Guillon Ribeiro. 83ª. ed. Brasília: FEB, 2002. Conclusão, it V, p. 484.

19 KARDEC, Allan. *O livro dos Espíritos*. Trad. Guillon Ribeiro. 83ª. ed. Brasília: FEB, 2002. Conclusão, it VI, p.486.

2) Qual é a concepção espírita de carma?

"Karma ou carma[20]
É termo que enfoca as ações humanas e as suas consequências, de uso comum em diferentes doutrinas religiosas de concepção orientalista, como Budismo, Hinduísmo e Teosofia, ainda que cada uma dessas religiões apresentem interpretação própria.

Alguns espíritas utilizam inadequadamente a palavra karma, da mesma forma que Pena de Talião, aplicando-as como sinônimo de lei de causa e efeito, fato que deve ser evitado, pois, para o Espiritismo, ambas as leis não se encontram, necessariamente, vinculadas ao livre-arbítrio, individual e coletivo, e à lei de amor, justiça e caridade.

Para o Hinduísmo e o Budismo o homem é escravo dos renascimentos sucessivos — isto é, jamais pode fugir da reencarnação —, em razão da existência de um carma individual, particular, impulsionado pelos próprios pensamentos, palavras e ações, manifestados de forma inexorável no ciclo nascimento-morte-renascimento.[21]

Para essas religiões

---

20 Moura, Marta Antunes de Oliveira (Org.). Estudo Aprofundado da Doutrina Espírita. Livro V, Filosofia e ciência espíritas. 1ª ed., 1ª imp., Brasília, FEB, 2013. Roteiro 17, Causa e efeito, p. 219.

21 HELLEN, Victor. NOTAKER, Henry e GAARDER, Jostein. O livro das religiões. Tradução de Isa Mara Lando. 9.. reimpressão. São Paulo: Companhia das Letras, 2001, p. 54.

"o homem colhe aquilo que plantou. Não existe "destino cego" nem "divina providência". O resultado flui automaticamente das ações. Portanto, é tão impossível escapar do seu carma quanto escapar de sua própria sombra... [...] Embora se possa dizer que a lei do carma possui um certo grau de justiça, ela é vista, no hinduísmo e budismo, como algo um tanto negativo, algo que se deve escapar.[21]

Aqui, vamos interromper brevemente para comentar sobre "escapar". As Quatro Nobres Verdades de Buda, que sintetizam o Dhammapada, são: 1) a Nobre Verdade (acerca) da Existência do Sofrimento; 2) da Causa do Sofrimento; 3) da Cessação do Sofrimento; e do Caminho (que conduz à cessação do sofrimento). Como a causa do sofrimento é identificada com a ignorância, é dela que se trata de escapar, o que tem como consequência escapar do ciclo nascimento-morte-renascimento. O Dhammapada registra, no capítulo O Desejo: "As sensações prazerosas surgem nos seres viventes. As sensações são amplificadas pelo desejo, deixando os seres ali aprisionados. Sem conseguir alívio, eles são compelidos a experimentar o sofrimento (nascimento e morte) incessantemente"[22]. E mais adiante, no capítulo

---

22 O **DHAMMAPADA**: O Nobre Caminho do Darma do Buda. Tradução Enio Burgos. Bodigaya, 2010, v. 8, cap. 24.

O Nobre: "Chamo de nobre aquele que está livre da raiva, que é ativo, virtuoso, puro e dotado de autodomínio. Este está vestindo o seu último corpo físico"[23]. Continuemos com o sr. Godinho:

> Além do mais, a reencarnação, para ambas as religiões, apresenta interpretação diversa da espírita, podendo um ser humano renascer no corpo de um animal, uma vez que defendem a teoria da metempsicose. Trata-se de possibilidade inviável até do ponto de vista biológico.
>
> Ensina o Espiritismo, porém, que a lei de causa e efeito pode ser modificada sim, pela força do amor, pela vontade do indivíduo de querer, efetivamente, reparar os erros cometidos. Não se pode ignorar, também, que perante a balança divina todas as atenuantes são consideradas, inclusive as intenções, grau de conscientização, circunstâncias, nível de sanidade mental etc. Daí Ser importante lembrar que a justiça divina está, sempre, associada à misericórdia, como esclarece Emmanuel:[24]
>
> As criaturas dedicadas ao bem encontrarão a fonte da vida em se banhando nas águas da morte corporal. Suas realizações no porvir seguem na ascensão justa, em

---

23 Ibid., v. 18, cap. 26.
24 XAVIER, Francisco Cândido. Pão nosso. Pelo Espírito Emmanuel. 29. ed. Rio de Janeiro, FEB 2008, cap. 127, A lei de retorno, p. 270.

> correspondência direta com o esforço perseverante que desenvolveram no rumo da espiritualidade santificadora, todavia, os que se comprazem no mal cancelam as próprias possibilidades de ressurreição na luz. [...] Nas sentenças sumárias e definitivas não há recurso salvador. Através da referência do Mestre, contudo, observamos que a Providência Divina é muito mais rica e magnânima que parece.

Para o Espiritismo, os atos humanos são governados pela manifestação da lei de causa e efeito (ou ação e reação), alicerçada na Justiça Divina. Sob a forma de provações existenciais, o ser humano libera-se das dívidas contraídas perante a Lei de Deus, na qual a justiça está sempre atrelada à misericórdia.

A seguir, para melhor esclarecimento, transcrevemos a questão 399 de o Livro dos Espíritos[25]

> *"399. Sendo as vicissitudes da vida corporal expiação das faltas do passado e, ao mesmo tempo, provas com vistas ao futuro,"* seguir-se-á que da natureza de tais vicissitudes se possa deduzir de que gênero foi a existência anterior?
>
> "Muito amiúde é isso possível, pois que cada um é punido naquilo por onde pecou. Entretanto,

---

[25] KARDEC, Allan. *O livro dos Espíritos*. Trad. Guillon Ribeiro. 83ª. ed. Brasília: FEB, 2002. Perg. 399, p. 218.

não há que tirar daí uma regra absoluta. As tendências instintivas constituem indício mais seguro, visto que as provas por que passa o Espírito o são, tanto pelo que respeita ao passado, quanto pelo que toca ao futuro.

Chegado ao termo que a Providência lhe assinou à vida na erraticidade, o próprio Espírito escolhe as provas a que deseja submeter-se para apressar o seu adiantamento, isto é, escolhe meios de adiantar-se e tais provas estão sempre em relação com as faltas que lhe cumpre expiar. Se delas triunfa, eleva-se; se sucumbe, tem que recomeçar.

O Espírito goza sempre do livre-arbítrio. Em virtude dessa liberdade é que escolhe, quando desencarnado, as provas da vida corporal e que, quando encarnado, decide fazer ou não uma coisa e procede à escolha entre o bem e o mal. Negar ao homem o livre-arbítrio fora reduzi-lo à condição de máquina.

Mergulhado na vida corpórea, perde o Espírito, momentaneamente, a lembrança de suas existências anteriores, como se um véu as cobrisse. Todavia, conserva algumas vezes vaga consciência dessas vidas, que, mesmo em certas circunstâncias, lhe podem ser reveladas. Esta revelação, porém, só os Espíritos superiores espontaneamente lha fazem, com um fim útil, nunca para satisfazer a vã curiosidade.

As existências futuras, essas em nenhum caso podem ser reveladas, pela razão de que dependem do modo por que o Espírito se sairá da existência atual e da escolha que ulteriormente faça.

O esquecimento das faltas praticadas não constitui obstáculo à melhoria do Espírito, porquanto, se é certo que este não se lembra delas com precisão, não menos certo é que a circunstância de as ter conhecido na erraticidade e de haver desejado repará-las o guia por intuição, e lhe dá a ideia de resistir ao mal, ideia que é a voz da consciência, tendo a secundá-la os Espíritos superiores que o assistem, se atende às boas inspirações que lhe dão.

O homem não conhece os atos que praticou em suas existências pretéritas, mas pode sempre saber qual o gênero das faltas de que se tornou culpado e qual o cunho predominante do seu caráter. Bastará então julgar do que foi. Poderá então julgar do que foi, não pelo que é, sim, pelas suas tendências.

As vicissitudes da vida corpórea constituem expiação das faltas do passado e, simultaneamente, provas com relação ao futuro. Depuram-nos e elevam-nos, se as suportamos resignados e sem murmurar.

A natureza dessas vicissitudes e das provas que sofremos também nos podem esclarecer

> acerca do que fomos e do que fizemos, do mesmo modo que neste mundo julgamos dos atos de um culpado pelo castigo que lhe inflige a lei. Assim, o orgulhoso será castigado no seu orgulho, mediante a humilhação de uma existência subalterna; o mau-rico, o avarento, pela miséria; o que foi cruel para os outros, pelas crueldades que sofrerá; o tirano, pela escravidão; o mau filho, pela ingratidão de seus filhos; o preguiçoso, por um trabalho forçado etc."

Dessa forma, podemos responder à indagação, afirmando que a concepção de carma, vulgarizada pelo Hinduísmo, apresenta concepções diversas no Espiritismo, que tem como base a liberdade de escolher que Deus deixa a cada um, porquanto, cada um tem o mérito de suas obras.

Uma rápida observação dos autores: daí depreende-se que o mérito forma um "carma", que será julgado por Deus, estando sujeito, consequentemente, tanto a recompensas quanto a castigos. Visão distinta do budismo, sem dúvida, mas que compartilha a responsabilidade individual pelas próprias ações. A diferença é o que o budismo aponta para a interação entre as ações, assim como os nós de uma rede estão interligados com todos os outros e com todos os espaços vazios entre eles – o tudo, portanto – por toda a sua extensão.

3) Qual o papel da palavra *castigo* para o Espiritismo?

O Espiritismo não identifica o castigo, conforme vulgarmente é entendido, como punição ou correção imposta em consequência de uma transgressão ou profanação de uma regra religiosa ou não. Segundo essa conceituação o infrator recebe uma pena que lhe é imposta (o "castigo"), diretamente relacionada à gravidade do erro cometido, sem remissão. A Doutrina Espírita elucida que Deus, o Criador supremo, por ser Pai amoroso e justo, sempre oferece oportunidade aos seus filhos para progredir, sem castiga-los. Concede à criatura humana o livre-arbítrio como o instrumento que deve nortear as suas escolhas, mas responsabiliza-a pelos uso indevido da liberdade de agir (livre-arbítrio).

Recorremos às questões 171 e 258 de *O Livro dos Espíritos* para melhor esclarecimento:

> *171. Em que se funda o dogma da reencarnação?*[26]
> "Na Justiça de Deus e na revelação, pois incessantemente repetimos: o bom pai deixa sempre aberta a seus filhos uma porta para o arrependimento. Não te diz a razão que seria injusto privar para sempre da felicidade eterna todos aqueles de quem não dependeu o melhorarem-se? Não são filhos de Deus todos os homens?

---

26 KARDEC, Allan. *O livro dos Espíritos*. Trad. Guillon Ribeiro. 83ª. ed. Brasília: FEB, 2002. Perg. 171, p. 121.

Só entre os egoístas se encontram a iniquidade, o ódio implacável e os castigos sem remissão." Todos os Espíritos tendem para a perfeição e Deus lhes faculta os meios de alcançá-la, proporcionando-lhes as provações da vida corporal. Sua Justiça, porém, lhes concede realizar, em novas existências, o que não puderam fazer ou concluir numa primeira prova. [...]."

258. *Quando na erraticidade, antes de começar nova existência corporal, tem o Espírito consciência e previsão do que lhe sucederá no curso da vida terrena?*[27]
"Ele próprio escolhe o gênero de provas por que há de passar e nisso consiste o seu livre-arbítrio."
a) *Não é Deus, então, quem lhe impõe as tribulações da vida, como castigo?*[27]
"Nada ocorre sem a permissão de Deus, porquanto foi Deus quem estabeleceu todas as leis que regem o Universo. Ide agora perguntar por que decretou Ele esta lei e não aquela. Dando ao Espírito a liberdade de escolher, Deus lhe deixa a inteira responsabilidade de seus atos e das consequências que estes tiverem. Nada lhe estorva o futuro; abertos se lhe acham, assim, o caminho do bem, como o do mal. Se vier a sucumbir, restar-lhe-á a consolação de que nem tudo se lhe acabou e que a bondade divina lhe concede

---

27 KARDEC, Allan. *O livro dos Espíritos*. Trad. Guillon Ribeiro. 83ª. ed. Brasília: FEB, 2002. Perg. 258, p. 171.

a liberdade de recomeçar o que foi malfeito. Demais, cumpre se distinga o que é obra da vontade de Deus do que o é da do homem. Se um perigo vos ameaça, não fostes vós quem o criou e sim Deus. Vosso, porém, foi o desejo de a ele vos expordes, por haverdes visto nisso um meio de progredirdes, e Deus o permitiu."

A concessão dessa liberdade é uma prova da sabedoria, da bondade e da Justiça de Deus, que quer que o homem deva tudo aos próprios esforços e seja o responsável pelo seu futuro.

"Segundo a Doutrina Espírita, de acordo mesmo com as palavras do Evangelho, com a lógica e com a mais rigorosa justiça, o homem só merece por suas obras, durante esta vida e depois da morte, nada devendo ao favoritismo: Deus o recompensa pelos esforços e pune pela negligência, isto por tanto tempo quanto nela persistir.[28]

"33º) Em que pese a diversidade de gêneros e graus de sofrimentos dos Espíritos imperfeitos, o código penal da vida futura pode resumir-se nestes três princípios:
1. O sofrimento é inerente à imperfeição.
2. Toda imperfeição, assim como toda falta dela promanada, traz consigo o próprio castigo nas conse-

---

[28] KARDEC, Allan. *O Céu e o Inferno.* Trad. Manoel Quintão. 61ª. ed., 6ª imp., (Edição Histórica) Brasília: FEB, 2018. Cap. VI, it. 21, p. 74.

quências naturais e inevitáveis: assim a moléstia pune os excessos e da ociosidade nasce o tédio, sem que haja mister de uma condenação especial para cada falta ou indivíduo. 3. Podendo todo homem libertar-se das imperfeições, por efeito da vontade, pode igualmente anular os males consecutivos e assegurar a futura felicidade.

A cada um segundo as suas obras, no Céu como na Terra — tal é a lei da Justiça divina."[29]

Uma última observação: tem-se o pai, tem-se o castigo; o que reforça a noção de que castigo e poder/autoridade são dois lados do mesmo papel. O pai apenas quer ver o filho no caminho do bem e, por isso, responsabiliza-o caso escolha o caminho do mal. Responsabilização resulta em punição, castigo, enfim, interpretado como didático. Conceito que está no Evangelho. O Homem nas mãos de Deus.

Por sua vez, em todo o *Dhammapada*[30], não se encontra a palavra castigo. Consequência, sim. Causa e efeito. Não existe o temor de punição superior,

---

29 KARDEC, Allan. *O Céu e o Inferno*. Trad. Manuel Quintão. 61ª. ed., 6ª imp., (Edição Histórica) Brasília: FEB, 2018. Cap. VI, Código penal da vida futura, p. 90 e 91.

30 O **DHAMMAPADA**: O Nobre Caminho do Darma do Buda. Tradução Enio Burgos. Bodigaya, 2010 é um dos mais difundidos sutras budistas.

pois o Dhammapada põe o ser humano nas mãos do ser humano, a partir de uma profunda compreensão da interconectividade entre tudo e todos, de que ações boas geram boas consequências assim como más geram más. Não são tidas como castigos, mas como carma.

4) No Espiritismo, carma e castigo se relacionam? Se sim, como? Se não, onde se separam?

A questão, entendemos, haver sido respondida anteriormente. No entanto, vale enfatizar que a lei de causa e efeito; ação e reação; ou semeadura e colheita; se aplica a toda ação cometida, se o Bem é praticado o efeito decorrente é a justiça divina oportunizar o desfrute da felicidade, do bem-estar e da consciência tranquila pela prática do Bem; entretanto se a ausência do Bem é a ação, seu efeito, de igual modo, é a oportunidade que o Pai, misericordioso e bom, oferece à criatura para se educar, seja pela dor ou sofrimento como recurso para que a experiência dolorosa, consequência da escolha equivocada, desperte a necessidade de corrigir as ações desviadas e retornar à prática do Bem.

O Espiritismo esclarece que o Pai celestial não deseja castigar o filho desviado, no sentido de causar-lhe sofrimento, punições ou mortificações, mas que o filho não se desvie das leis divinas que, por serem infinitamente sábias, tem como proposta conduzi-lo à felicidade. A Lei de Deus apresenta, pois, caráter educativo que conduz, naturalmente, o Espírito infrator aos reajustes necessários, em geral manifestados sob a forma de provações. Essas provações têm o poder de reparar equívocos cometidos em razão do mau uso do livre arbítrio e, ao mesmo tempo, de impulsionar a evolução intelecto-moral do ser. Da mesma forma, se a semeadura é do bem, o terá boa colheita, e, em consequência alcança o estado de felicidade ou de plenitude espiritual. Vemos assim, que

> "A lei natural é a Lei de Deus. É a única verdadeira para a felicidade do homem. Indica-lhe o que deve fazer ou deixar de fazer e ele só é infeliz quando dela se afasta."[31]

Podemos dizer, então, à luz do Espiritismo, que a relação entre carma e castigo é quando uma ação está afastada da Lei de Deus, traz como efeito a infelicidade por não haver tido fidedignidade à Lei divina. Isso é o que representa o castigo: consequências infelizes de más escolhas. No entanto, nesse caso, a misericórdia divina possibilita sempre novas oportunidades para reparação.

INFORMAÇÃO/SUGESTÃO

Fora das perguntas, mas como sugestão, para melhor compreensão do tema, recomendo a leitura do livro: - Ação e Reação, pelo Espírito André Luiz, psicografia do Chico

---

[31] KARDEC, Allan. *O livro dos Espíritos*. Trad. Guillon Ribeiro. 83ª. ed. Brasília: FEB, 2002. Perg. 614, p. 305.

Xavier, o querido Francisco Cândido Xavier, da editora FEB, obra que estuda de forma magnífica, em linguagem cativante, retratando em pequenos romances ou tragédias, as ações e seus efeitos numa leitura que nos prende do início ao fim.

Sugerimos, também, o livro O Céu e o Inferno de Allan Kardec, onde consta vasto material a respeito do castigo e da justiça divina.

ALMA OU ESPÍRITO

Espírito de vida ou força vital que habita o corpo. *Prana,* no Yoga. É a própria energia vital que circula em todo o corpo. *Pranayama* é o caminho ou veículo do *prana* — exercícios respiratórios controlados para melhor circulação da energia vital por todo o corpo.

Quando nossas células respiram, soltam energia. Elas vêm de outras células, que se dividem e se multiplicam. Assim é com todas as formas de vida. Estamos todos inter-relacionados: das bactérias às plantas, e tudo o que possa vir a ser, foi e é neste instante.

No cristianismo, alguns relacionaram os espíritos a anjos decaídos, que se rebelaram contra Deus. Em outros momentos, era recomendado que as pessoas se governassem pelo espírito e não pela alma. A alma seria a individualidade, o relativo, e estaria ligada à Terra. O espírito seria o absoluto e estaria ligado ao Céu. Espírito Santo — um dos elos da Santíssima Trindade cristã: Pai, filho e Espírito Santo.

Certa vez, estava em um encontro inter-religioso e fui a última a falar. Era um momento especial de minha vida e de meu dia, e, depois que falei, o bispo católico ao meu lado comentou: "Foi inspirada pelo Espírito Santo". Era a celebração dos 80 anos da *Folha de S. Paulo*, e o salão estava repleto de políticos que eu mal conhecia, pois ficara mais de 15 anos fora do Brasil. Naquela manhã, eu havia pedido demissão de meu cargo como presidenta da diretoria do Templo Busshinji, em São Paulo, e afastamento de minhas funções naquela comunidade. Era um momento decisivo em minha vida.

Ouvi todos os oradores antes de mim, das diversas tradições espirituais presentes, e, ao final, perguntei aos presentes: "O que vocês têm feito para o bem de todos os brasileiros e de todas as brasileiras? O que vocês têm feito para o bem de todos os seres?". E já não me lembro mais o que falei. Porém, me sentia livre, sem amarras. Era a única mulher naquele grupo e havia sido injustiçada — o que me levou a me demitir pela manhã e iniciar uma nova jornada, a partir do zero, sem apoio de nenhum grupo.

Todos se levantaram e me aplaudiram de pé. Nisto é que veio o comentário do bispo ao meu lado: "Inspirada pelo Espírito Santo". Que inspirações são essas? Quando falamos e exprimimos a verdade, com clareza e sem violência, mas com veemência, seria o espírito sagrado se manifestando?

Há alguns momentos assim em nossas vidas: momentos inspirados e livres, sem intenção de ganho ou lucro. Inspirar, de onde vem a palavra espírito. Conhecer as profundezas de si mesmo, conhecer seu eu verdadeiro, manter intimidade com a pureza e a clareza do espírito é ir além do eu menor — que poderia ser talvez o que chamam de alma e talvez Freud chamasse de ego?

"Estudar o Caminho de Buda é estudar a si mesmo.

Estudar a si mesmo é esquecer-se de si mesmo.

Esquecer-se de si mesmo é ser iluminado por tudo o que existe."[32]

A alma sente emoções, raciocina, tem vontade e interpreta experiências físicas do corpo — o que Carl Gustav Jung chamou de *anima*. Foi chamada

---

32 Mestre Eihei Dogen, século XIII – Japão.

de *psique*, que originou a palavra psicologia (estudo da alma, das emoções humanas, dos sentimentos). No grego, *pneuma* (sopro vital). No judaísmo, *ruach* (vento, sopro). A alma não teria grandes habilidades; o espírito teria inteligência e vontade.

No budismo, entretanto, não usamos a palavra alma. Alguns consideram que a alma está em um corpo vivo e que, quando morre, vira um espírito. Usamos a palavra espírito nas orações aos mortos, mas não falamos de alma em um ser vivo. Talvez a palavra espírito seja mais adequada ao pensamento budista. Espírito de vento, de sopro vital, de inspirar e expirar — movimento do ar que permite um ser humano ser, pensar, agir, atuar no mundo — até a última expiração — quando o ar sai e não volta a ser inspirado.

Este ar, este sopro vital, continuaria circulando e ainda teria uma espécie de consciência, considerando-se uma identidade separada por cerca 49 dias — tempo do luto, de refazer a tessitura social rompida pela morte de alguém. Tempo de atravessar os 49 bardos ou as etapas do reino da morte. Esse espírito levaria em si a marca do carma produzido em vida, o que seria impresso numa vida subsequente, mas nunca a mesma pessoa. Tudo isso pode parecer confuso e incompreensível. Um sopro de vento que se alimenta de fragrâncias, leva as marcas da vida anterior, procura nascer e que, ao adentrar um útero, leva consigo tendências anteriores.

O estudo genético das correntes de DNA — invisíveis ao olho humano sem aparelhos — mostra que elas carregam em si tendências e aptidões de vidas anteriores e sempre têm o impulso de continuidade em uma vida subsequente. Seria esse o carma, a alma, o espírito que os antigos assim nomeavam tentando compreender a existência?

Anatman — não alma permanente, não *atman*. A palavra *atman* tem o significado de uma alma permanente, uma essência em processo contínuo de reencarnações.

Buda não negou nem afirmou reencarnações ou renascimentos, mas percebeu que a vida é eterna em sua finitude. Também descobriu que não há uma autoidentidade substancial independente e separada, negando o conceito de a*tman* do hinduísmo clássico.

Somos compostos de cinco agregados: corpo físico, sensações, percepções, conexões neurais e consciências. Em que momento os agregados se desagregam? Quando? Na última expiração? No momento da morte ou em 49 dias? E a vida intermediária ensinada pelo *Kusha* e pelo *Yuishiki*? Essa vida intermediária é considerada um período de 49 dias, sete vezes, sete semanas. Todos conseguem atravessar essas sete semanas e se acomodar — quer na luz infinita, energia pura, como os seres despertos de grande sabedoria, conhecidos como aracãs do não retorno — ou renascerão como seres humanos com alguns retornos ainda ou mesmo em outras formas de vida?

Esses seres iluminados de não retorno ou de um ou dois retornos referem-se apenas à morte e ao renascimento ou também ao conhecimento que nos faz não regredir, por meio da sabedoria resultante de práticas corretas? Mesmo durante uma única existência humana?

POR AÇÃO OU POR OMISSÃO

Os seguintes ensinamentos fazem parte do Sutra da Flor de Lótus da Lei Maravilhosa (em japonês, Myo Ho, Ren Gue Kyo). São os ensinamentos que apontam para o poder do arrependimento: o que foi falado, feito ou pensado não pode ser retirado, mas o arrependimento abranda seus efeitos, que inevitavelmente recairão sobre nós. É a Lei da Causalidade ou Lei da Origem Dependente.

No zen-budismo, tudo o que possa nos acontecer — inclusive onde nascemos, filhos de quem — faz parte dessa lei de causa, condição e efeito. Há um ensinamento antigo que diz que escolhemos nossos pais, assistimos ao acasalamento, logo, não devemos reclamar, como algumas pessoas o fazem na adolescência dizendo aos pais: "Eu não pedi para nascer". Segundo esta tradição, nós escolhemos onde nascer. Não se trata de uma alma errante à procura de um corpo. Não há, no zen-budismo, o conceito de alma eterna nem de uma deidade decidindo, julgando e determinando nossas vidas.

O livre-arbítrio é parte integrante dos princípios Zen. Podemos escolher a palavra, o gesto, a atitude, o pensamento. Embora neurocientistas insistam que só temos 5% de livre-arbítrio, estes cinco por cento são de nossa responsabilidade e se tornam causas, condições ou efeitos de ações que produzimos. Somos responsáveis pela vida que vivemos e pela realidade na qual estamos inseridos. Claro que não somos os únicos responsáveis, pois a Lei da Causalidade é como uma teia de múltiplos fios coloridos, onde, em cada interseção, há uma joia que emite raios de luzes coloridas em todas as direções. Somos a vida dessa trama. Cada gesto, cada ação, cada palavra, cada pensar repetitivo acabam mexendo na rede. Quando uma rede é puxada, todos os seus espaços vazios também o são. Assim, cada um de nós é responsável pelo mundo e pela vida. Quando vivemos através de votos, compromissos sagrados, podemos perceber dúvidas e fraquezas e as fortalecer. Os votos nos ajudam a nunca desistir.

Minha superiora no mosteiro feminino de Nagoia, Shundo Aoyama Roshi, dizia que quem vive pelo voto nunca se cansa, nunca desiste. Um exemplo que ela nos dava era o de duas pessoas em um barco furado, afundando. Uma delas em desespero e lamentação. A outra, tirando com as mãos em concha a água de dentro do barco. Conseguiria ou não evitar que o barco afundasse? Isso não era o ponto principal da questão, mas a ação, que poderia retardar o afundamento e, quem sabe, permitir que chegassem à margem em segurança ou que fossem resgatadas por alguém.

O voto é de manter o compromisso com tanta firmeza que nada faz a pessoa desistir de fazer o bem ou procurar condições melhores para todos. Nesta pandemia, vimos fotos do pessoal da saúde, ora aplaudindo, ora chorando. Algumas vezes apáticos e exaustos, deitados no chão dos corredores, tristes, enfraquecidos. Não pelas horas em sono ou pelo trabalho físico, em pé, mas pela dor de acompanhar pessoas sofrendo, morrendo, a falta de medicamentos e o colapso dos sistemas de saúde público e particular.

Tantas pessoas duvidaram do poder letal do coronavírus, tantos preferiram passear, ir a festas, jogos e shows, sem acreditar que o vírus pode se espalhar e que qualquer um pode ficar doente — alguns muito doentes. Quando esses alguns se tornam muitos, nosso sistema hospitalar de atendimento de emergência não dá conta. E, então, precisar decidir quem será entubado e quem será deixado a morrer sem ar em um corredor ou antessala é muito desgastante emocionalmente para a equipe que deve tomar essa decisão.

Carma coletivo? Certamente. O mundo todo nas mesmas circunstâncias. A pandemia — *pan* significa de todos para todos (*Jogos Pan-Americanos*, de todas as Américas, por exemplo). *Como* cada pessoa responde a esse carma coletivo é o carma individual. Alguns apreciam o isolamento, o silêncio, a meditação, as preces, o filosofar, o conversar, o conhecer e o investigar em profundidade a si mesmo e a existência. Outros preferem se distrair, não querem pensar no assunto para não se entristecerem — saem para viver como se nada houvesse. E há pessoas amedrontadas, pensando nos perigos que estão correndo, escondendo-se, higienizando tudo e todos, afastando-se e fechando-se em si mesmas. Também há quem passou a apreciar cada instante da vida, percebendo que nada jamais se repete.

São apenas alguns exemplos para demonstrar a complexidade da mente humana e das infinitas possibilidades de reações à pandemia, às sugestões de isolamento, do uso de máscaras e da higienização para evitar o contágio. Talvez haja tantas possibilidades quantos seres humanos há na Terra.

Alguns foram contagiados sem nenhum sintoma. Outros tiveram sintomas e não estavam infectados. Para alguns foi um resfriadinho, para outros foi dor, sofrimento e morte. Ninguém sabe exatamente como cada corpo humano reage ao coronavírus. Também não sabemos exatamente como e quando o carma se manifestará em nossas vidas. Há pessoas que acreditam em uma alma eterna e que o carma seria resultado de uma vida anterior. É preciso muito cuidado ao tocar neste assunto, pois pode criar discriminações preconceituosas.

Algumas doenças eram consideradas, no passado, doenças cármicas. A pessoa, supostamente, deveria ter cometido erros graves, ofensas graves — chamadas *parajika* —, para estar sujeita a algumas doenças e sofrimentos. Atualmente, isso é contestado pelos especialistas e pesquisadores budistas. As doenças existem. O carma é como você se relaciona com a doença, não é a doença em si. A pandemia não é uma vingança do meio silvestre ao ser humano. É o resultado de causas e condições das quais nós, seres humanos, participamos ativamente e sem o cuidado necessário.

Estar atento às necessidades verdadeiras de tudo e de todos é tarefa para poucos. Mas deve ser tarefa de todos nós. Basta despertar a mente de compaixão ilimitada e de pura sabedoria. Esse despertar também é a criação de carma benéfico, que transforma a si mesmo e toda a realidade. Nossos superpoderes estão ligados aos nossos votos e à nossa disposição para cuidar de todas as formas de vida, com atenção, respeito e dignidade. Pois, cada uma dessas mínimas partículas é responsável pelas condições de vida humana no planeta. Quando nos lembramos, quando somos capazes de perceber que somos mantidos vivos por tudo o que é, foi e será, surge um sentimento de apreciação, cuidado e gratidão à menor partícula e ao maior espaço.

Teria Buda ensinado sobre renascimento, reencarnação e carma? Ou teria Buda duvidado das tradições hinduístas de sua época e descoberto uma nova maneira de se relacionar com vida-morte? Será que nascer em uma casa grande é carma benéfico? Será que nascer na senzala é carma prejudicial? Ou podemos transformar a casa grande em um inferno e a senzala em local sagrado? Quantos lutaram pela inclusão de todos nos quadros sociais das comunidades? Quantos não foram capazes de perceber e se tornaram capatazes de senhores cruéis?

Ainda estamos recebendo os efeitos dos carmas prejudiciais praticados no passado. Também estamos recebendo os efeitos dos carmas benéficos praticados no passado. Nós todos estávamos lá. Somos a continuidade genética dos DNAs do passado. Carregamos memórias ancestrais. E agora podemos fazer escolhas. Nem sempre é fácil.

Muitos de nós somos influenciados por nossos pais, familiares, situações que presenciamos, e assim fomos criando para nós mesmos uma maneira de responder ao mundo. Alguns, os mais fracos, se tornaram cruéis vingadores de sua própria insuficiência, excluindo, ignorando, fazendo pilhéria ou *bullying* com outras crianças, adultos ou idosos. Torturas, guerras, abusos de seres humanos e da flora e da fauna do planeta são o resultado do desamor, da incapacidade empática — desde os suicidas ativistas se atirando contra as torres gêmeas de Nova Iorque, aos que desfiguram e matam mulheres, aos que fazem gestos obscenos por serem segregacionistas, aos que cultivam ódios, rancores e vinganças por medo da competição, por insuficiência de amor, de ternura e de empatia. São patologias que nos incapacitam de reconhecer no outro um aspecto de nós mesmos. Psicopatia, sociopatia — incapacidade de amar, de querer bem, de cuidar.

O carma é da vítima ou do vitimador? O carma é de ambos? E o herói ou a heroína que surgem voando do nada e impedem o crime de ser cometido? É carma da vítima ou do vitimador? Ou de ambos? Carma é ação repetitiva, que deixa marcas, tendências a se repetir. Há duas histórias interessantes, recontadas no século XIII pelo Mestre Eihei Dogen Zenji, fundador da ordem

Soto Shu, na qual sou monástica. Uma delas se deu em um mosteiro afastado, entre montanhas, distante de qualquer cidade.

Todas as noites, quando o abade fazia uma palestra, um senhor idoso entrava na sala e sentava-se aos fundos. Certa noite, esse senhor apresentou-se ao abade e fez a seguinte pergunta: "Um ser iluminado, desperto, um buda, está também sujeito à Lei da Causalidade, sujeito ao carma?". O abade, olhando firmemente nos olhos de seu interlocutor, respondeu: "Todos estão sujeitos à Lei da Causalidade".

O idoso abaixou a cabeça em gratidão profunda e comentou: "O senhor acaba de me libertar de um carma terrível. Deixe-me contar. Fui abade deste mosteiro há muito tempo. Certa ocasião, alguém me perguntou se os budas estavam sujeitos à Lei do Carma, e eu respondi: 'Não! Budas não estão sujeitos à Lei do Carma'. Devido a esse engano, renasci 500 vidas como uma raposa. Agora, o senhor me libertou. Amanhã cedo, embaixo da colina, perto da pedra grande, o senhor encontrará o corpo de uma raposa. Sou eu. Por favor, faça os ritos fúnebres de um monge para mim". E desapareceu na névoa da noite.

Na manhã seguinte, depois das atividades de meditação, liturgias e trabalho comunitário, o abade pediu a seu assistente que juntasse toda a comunidade para o enterro de um monge. Os praticantes entreolharam-se — ninguém havia morrido. Estaria o abade bom da cabeça? Entretanto, todos o seguiram até o local indicado pelo idoso na noite anterior. Ali, repousava o corpo, já frio, de uma raposa. O abade fez todos os ritos fúnebres próprios para um monástico. Naquela noite, durante a palestra, o idoso não apareceu, e o abade contou aos monges sobre o fato de que todos os seres estão sujeitos à Lei do Carma.

Ora, nos ensinamentos da sabedoria completa está escrito que nada tem uma autoidentidade substancial independente e separada. Se não há uma alma eterna, como poderia o antigo abade ter renascido quinhentas vezes como uma raposa? Seria esta história um meio hábil de fazê-los entender que budas são o resultado de carma produzido por budas? Que apenas budas transmitem a budas e compreendem budas?

A libertação do antigo abade precisou de uma palavra de verdade. Ele a sabia, mas precisou ouvi-la para se libertar. Há vários comentários sobre esse caso. A palavra final é de Mestre Dogen: "A Lei da Causalidade é clara e impessoal: quem fizer o mal inevitavelmente cairá; quem fizer o bem inevitavelmente ascenderá". O que é ascender e descender? Em relação a quê? Novamente, Bodidarma insiste: "Só devem penetrar o seu eu verdadeiro". Esse eu verdadeiro estaria livre e sem preocupações com subir e descer.

Quem nega a causalidade está sujeito a incalculáveis perdas por manter pontos de vista errôneos. Embora não esteja criando mais carma prejudicial, os efeitos prejudiciais de um ponto de vista errôneo são imensos. Praticantes devem primeiro despertar para a mente *bodai*, a mente desperta, o encontro com seu eu verdadeiro, retribuir a grande bendição dos budas ancestrais e rapidamente compreender a causalidade. Buda havia dito a seus discípulos: "Quem conhece a Lei da Causalidade conhece o Darma. Quem conhece o Darma conhece a Lei da Causalidade".

No mesmo capítulo do *Shobogenzo*[33], "Jinshin Inga" — crença profunda na causalidade —, Mestre Dogen menciona que o décimo-nono buda ancestral na linhagem de Xaquiamuni Buda ensinou:

> A retribuição cármica do bem e do mal ocorre em três diferentes períodos de tempo. Pessoas comuns, entretanto, vendo o bondoso morrer jovem e o violento

---

33 O título significa "Tesouro do Olho do Darma Verdadeiro", escrito pelo Mestre Dogen entre 1231 e 1253 de nossa era.

viver muito, o mentiroso feliz e o correto infeliz, pensam que a causalidade não existe e consequentemente que felicidade e infelicidade não estão relacionadas. Desconhecem que a sombra segue a forma assim como o som à voz. A causalidade não desaparecerá mesmo em bilhões de kalpas de tempo.

Em outro capítulo, Mestre Dogen escreve sobre a retribuição cármica em três períodos de tempo (*San ji Go*):

1. retribuição nesta vida presente;
2. retribuição na vida seguinte a esta;
3. retribuição em vidas subsequentes.

Há um exemplo, no *Abhidharma-mahvavibhasa sastra*[34], de um lenhador que se perdeu na mata e estava congelando, quando uma ursa apareceu, aqueceu-o com seu corpo e o alimentou em sua caverna. Recuperado, estava saindo da floresta, quando encontrou caçadores perguntando se ele vira algum urso. Sem conter sua ganância e sem ser capaz de retribuir o bem recebido, mostrou aos caçadores a ursa que o salvara. Ela foi morta.

---

34 "Sastra" é um termo sânscrito específico para indicar que se trata de um texto para explicar uma escritura ou sutra budistas. O *Abhidharma* é um texto de três séculos a.C., que detalha a doutrina dos sutras budistas.

A carne seria dividida entre todos. No momento que o lenhador foi pegar sua parte, seu braço desmembrou-se de seu corpo. Os caçadores amedrontaram-se e perguntaram qual a relação dele com a ursa e por que aquilo acontecera. Ele, envergonhado, relatou o tratamento que recebera da ursa. Os caçadores repudiaram sua falta de gratidão e levaram a carne da ursa para um templo. Um dos monges mais antigos sentou-se em meditação profunda e, ao sair do *samadhi,* comentou que a ursa era, na verdade, um *bodisatva,* que sempre fazia o bem a todos os seres, levando alegria e felicidade por onde passasse. O lenhador recebeu o resultado do seu carma negativo na vida presente perdendo um de seus braços. Os monges cremaram a ursa e construíram um pequeno templo para honrar suas relíquias.

O carma nunca deixa de produzir seus efeitos, cedo ou tarde. Devemos sempre agradecer e retribuir a quem nos ajudou. Se fizermos maldades a quem nos beneficiou, certamente receberemos um retorno prejudicial a nós mesmos, como o lenhador que perdeu um dos braços ao tentar pegar a carne da ursa que o salvara da morte.

Outra história, do mesmo texto antigo, conta sobre a retribuição benéfica, durante a vida, resultante de boas ações. No país de Gandhara, havia um eunuco cuja função era proteger as damas da corte. Certo dia, ele se encontrou com uma manada de 500 bezerros, que estavam sendo levados para a castração. Identificando-se com o gado, apiedou-se, comprou toda a manada e, em seguida, soltou os 500 bezerros no campo. Nesse mesmo momento, suas funções masculinas foram restauradas. Ao voltar ao castelo, contou ao rei o que acontecera. O rei alegrou-se, deu presentes ao homem e o promoveu a Ministro do Exterior. Uma boa ação produz bons resultados. Estas eram as analogias usadas há mais de dois mil e seiscentos anos, na Índia, para ilustrar a Lei da Causalidade.

Quando seu filho saltou do 27º andar de um edifício em São Paulo e morreu, a mãe não se conformava: "Que carma é este? Terá fim algum dia?". Sua dor era imensa. Mas não gritou aos céus, considerando uma injustiça. Deveria haver causas no passado para que ela e seu filho estivessem passando por tanto sofrimento. Esta senhora não era budista, mas tinha conhecimento da Lei da Causalidade.

Há vários outros relatos de resultado cármico tanto benéfico como prejudicial em vidas subsequentes a esta. O aquecimento global, a poluição, a pandemia são resultados de carmas prejudiciais do passado e que agora recaem sobre nós? Foi você quem poluiu o Rio Tietê no passado? Teria sido você a poluir a Terra e causar o furo na camada de ozônio e o subsequente aquecimento global? Quem colocou os morcegos em jaulas por tantas gerações, que causou um desequilíbrio entre os animais e o coronavírus? Somos todos responsáveis pelo que estamos vivendo. Por ação ou por omissão. Passado, futuro e presente se entrelaçam.

O que estamos vivendo agora é resultado de causas e condições anteriores. Próximas ou distantes, reconhecidas ou não. Este é o ponto principal destas histórias. Sempre haverá retorno ao carma produzido. Pode demorar duas ou mais vidas, poderá recair sobre um ser amado. Por isso, Buda e discípulos e discípulas sempre ensinam sobre a Lei da Causalidade e incentivam as pessoas a não fazer o mal, fazer o bem e fazer a todos os seres. Para o seu próprio bem como para o bem de todos. Tanto no presente como no futuro próximo ou distante, o resultado de causas e condições simultâneas provocará resultado, inexoravelmente. O arrependimento abranda os efeitos, mas nada pode apagar o carma produzido.

ORIGEM DEPENDENTE OU ORIGEM INTERDEPENDENTE?

A teoria da Origem Dependente — *pratitya-samutpada* — é o ensinamento principal do budismo. Ensina que os fenômenos ocorrem através das condições. Tudo que vem a ser depende de algo.

Origem Dependente, ou Causalidade, refere-se a relações interdependentes entre tudo o que existe. Tudo é fluido, não fixo, sempre passando por mudanças, que dependem de causas e condições. Cada causa com a condição adequada produz um efeito inevitável, que pode ser causa ou condição de outro surgimento. A Origem Dependente é um princípio de mudança, que não depende do surgimento ou não de budas no mundo. Buda apenas percebeu a lei; ele não a criou — a interdependência é a lei em si mesma. A Origem Dependente é o ensinamento básico de Buda e o centro do budismo. É o próprio Darma. Os primeiros sutras (ensinamentos) declaravam:

"Quem vê a origem dependente vê o Darma.
Quem vê o Darma vê a origem dependente.
Quem vê a origem dependente vê o Darma e vê Buda."

Darma, com letra maiúscula, refere-se à Lei Verdadeira, aos ensinamentos sagrados. Compreender a causalidade é compreender a Lei Correta. Compreender a Lei Correta é encontrar Buda.

Há uma fórmula básica dos textos mais antigos:

> Quando isto existe, aquilo existe.
> Quando isto surge, aquilo surge.
> Quando isto não existe, aquilo não existe.
> Quando isto cessa, aquilo cessa.

A capacidade de ver o Darma, de ter o olhar Darma, ou seja, do primeiro despertar, também é descrita em termos de causalidade:

"Os Darmas da origem também são os Darmas da extinção. Os darmas fenômenos que ocorrem pelas condições são também capazes de extinção quando as condições são eliminadas".

Quando escrevemos darma com inicial minúscula, estamos nos referindo a todo e qualquer fenômeno que possa surgir ou desaparecer conforme as causas e as condições. O nascer, o crescer, o envelhecer, o adoecer, o morrer. Entretanto, também dizemos que não há nascimento nem morte no ensinamento superior. Tudo está se transformando e não há um ponto inicial nem um ponto final, mas um contínuo, descontínuo, em que tudo está interligado, entrelaçado numa grande teia da existência. Quando isto é compreendido, budismo é compreendido.

O professor Doutor Kogen Mizuno escreveu em um de seus livros:

> A doutrina da Origem Dependente abrange a totalidade das relações entre fenômenos, descrevendo todas as coisas tanto em tempo como em espaço e incorporando relações lógicas teóricas bem como relações factuais. Visto nesta luz, toda a doutrina budista pode ser considerada estar contida na doutrina de Origem Dependente.
>
> A doutrina da Origem Dependente examina os trabalhos do universo e da existência humana em termos de relações espaciais, temporais e lógicas. Budismo não é uma filosofia ou uma ciência, mas uma religião que se preocupa com a resolução concreta dos problemas da vida humana. Não é um exame objetivo apenas, mas uma análise, em termos da Origem Dependente, para eliminar o sofrimento. Há dois tipos de causalidade: geral ou física (externa) e religiosa ou mental (interna). A causalidade religiosa é importante no Budismo. O comportamento dos seres humanos e das sociedades estão sempre em constante mudança e o estudo requer interdisciplinaridade para compreender

as relações causais e a lei que as governa, no jogo entre lógica, psicologia, ciências da vida, ciências da física, política, economia, sociologia, religião e ética.

Budismo ensina a doutrina da Origem Dependente para elucidar o trabalho religioso e ético (como sofrimento, prazer, delusão e iluminação) na sociedade e na vida das pessoas. A vida de cada um e a sociedade estão interconectadas tanto temporalmente como espacialmente.

Para cada um de nós, o presente é a soma total de toda experiência: desde antes do nascer, somos influenciados por todo o passado da humanidade — no qual em diferentes momentos fomos vítimas e, em outros, vitimadores. No momento da concepção, já estávamos lá. Talvez tenhamos escolhido nossos pais para dar continuidade a um processo antigo, impresso em nosso DNA ou carma.

Já no ventre materno, recebemos novas influências — quer de amor, ternura e alegria, quer de exclusão, rancor e tristeza. Após o nascimento, somos criados em certas condições, nas quais nossa personalidade é formada, para depois irmos ou não para escolas e recebermos educação e formação de acordo com cada era e cada sociedade. Não somos iguais, embora sejamos semelhantes e todos pertencentes à mesma família humana. As relações sociais, afetivas, emocionais e espirituais são construídas de forma específica para cada pessoa e para cada grupo, por meio do contato com uma grande variedade de pessoas e situações. As experiências repetitivas e marcantes nunca são apagadas. Dependendo da natureza dessas experiências, a personalidade muda para melhor ou pior. Assim, o intelecto, o caráter e a essência da personalidade são a soma de todas as experiências desde o nascimento — e mesmo antes, pois trazemos em nós tendências anteriores, de um passado próximo, bem como distante. Da mesma maneira, entre a pessoa e o meio ambiente: existimos em relação imediata com o meio ambiente, recebendo e exercendo boas e más influências no que nos cerca. Todos nós existimos e agimos na órbita de família, escola, sociedade, grupos regionais, nação, e influenciamos e somos influenciados por todos — para melhor ou para pior. Ainda com o professor Mizuno:

> Essas relações interdependentes são as conexões causais que fazem uma relação orgânica interativa entre o indivíduo e suas cercanias. O mesmo com relações econômicas: dependemos uns dos outros para necessidades básicas de alimento, roupas e casa. Por meio dos processos de produção, transporte, manufatura e comércio, um lenço de papel e um pedaço de

pão passam de mão em mão até chegar a nós. Se as pessoas do mundo não trabalhassem juntas, o sistema econômico não sobreviveria. Ao mesmo tempo, é porque consumimos que há produção e há comércio. Instituições financeiras e de comunicação, bem como todas as outras instituições sociais, estão direta ou indiretamente relacionadas. Assim, Budismo ensina que estamos todos mutuamente obrigados e devemos gratidão à sociedade que nos sustenta.

Todas as riquezas culturais da sociedade moderna — linguagem, literatura, filosofia, artes, ciência, tecnologia — foram transmitidas por pessoas do passado e desenvolvidas pelas pessoas da nossa era. Através da comunicação de massa e educação, estas riquezas podem chegar a todos. Sem a mídia e sem a linguagem, a civilização moderna desapareceria. Estamos conectados à cultura mundial, direta ou indiretamente, com toda a história humana. Nossa existência presente é feita não apenas da soma total de nossas experiências do passado — surgindo de caráter, ética, política, economia, cultura e arte — mas também das conexões próximas com o mundo à nossa volta — tanto espacial como temporal.

Nosso presente não existe sem o passado, sem o meio ambiente em que vivemos e sem toda a história. Em um instante do nosso presente, está contido todo o passado nosso e do que nos cerca. Nossa existência presente é um fator determinante de nosso futuro e tem importância crucial no meio ambiente e no futuro.

O budismo exprime essa rede de inter-relações com a seguinte frase:

Um é o todo; o todo é um.

Como indivíduos, agimos na totalidade do mundo, assim como o mundo todo está intimamente conectado com cada um de nós, enquanto indivíduos. Tanto ativa como passivamente, humanos e fenômenos físicos estão intimamente relacionados. A isto, a filosofia da Tradição do Sutra da Guirlanda de Flores[35] chama origem interdependente — a infinita e mútua influência entre todas as coisas.

São causas e condições que nos levam à ignorância e nos prendem ao *samsara* — a roda de transmigração.

Segundo a Lei do Carma, quando um carma prejudicial é cometido, o retorno será de dificuldades e sofrimentos correspondentes ao tempo de duração do mal cometido. Não há inferno eterno. Também não há céu eterno.

---

35 O Sutra da Guirlanda de Flores concentra-se na interpenetração entre tudo e todos; faz parte dos Mahayana ("Grande Veículo") Sutras.

Estar aprisionado ao *samsara*, passando pelos vários estados — tanto de bem-aventurança como de sofrimentos —, é resultado de inúmeras causas e condições. Libertar-se é opção possível. O sofrimento é opcional. Há pessoas que se autojulgam e se autocondenam. Consequentemente, criam situações de autopunição, sem perceberem que o estão fazendo. Alguns se consideram vítimas de um carma anterior. Essas pessoas não sabem o que é carma. Não compreenderam a Lei da Origem Interdependente.

Carma não é castigo, mas pode castigar, causar dores e insatisfações, como resultado de decisões, atitudes, pensamentos, palavras — causas e condições criadas tanto individualmente quanto coletivamente.

Será que existe um autocastigo? O castigo não costuma ser autoimposto, entretanto, há pessoas que se submetem a abusos, por não se considerarem merecedoras de alegrias, sucesso, vitórias ou se acostumam a viver indignamente, considerando ser o seu "carma", o seu destino. São pessoas que desconhecem que o carma pode ser modificado, que não é destino fixo e que podemos mudar a nós mesmos e ao mundo à nossa volta.

A escola do Budismo Primordial[36] formula da seguinte maneira:

> Nós, budistas, acreditamos que a boa ou má consequência depende de nossa virtude e que existe virtude no esforço. Tudo o que é valioso em nossa vida exige muito esforço, justamente porque precisamos também de muita virtude. Querer evitar o esforço, assumindo uma má conduta, é perder toda a virtude que teríamos. Se somos negligentes na ação, certamente seremos sofredores quando vier a consequência, mas somos nós mesmos que causamos esse sofrimento. Isto é autocastigo.

É preciso cuidado. Buda dizia que a mente humana deve ser mais temida que cobras venenosas e assaltantes vingadores.

O autoconhecimento é essencial. Meditar nos leva a ir além da nossa história pessoal para adentrarmos a grande consciência cósmica e sistêmica.

---

36 Budismo Primoridal – Honmon Butsuryu Shu. Significa Religião Budista do Caminho Primordial do Sutra Lótus, este considerado o "rei dos Sutras", porque são os ensinamentos últimos de Buda durante seus últimos oito anos de vida, declarados por ele mesmo como o ensinamento último, tendo todo os outros sido preparatórios para este. AUTOCASTIGO. Disponível em: https://budismo.com.br/2017/05/24/autocastigo/. Acesso em: 20 ago. 2021.

Somos um organismo vivo pulsando em um imenso organismo vivo. Influenciando e sendo influenciados. Transformando e sendo transformados.

Em nós habita o herói e o covarde. O masoquista e o seu flagelador.

Sacrifícios religiosos de autoflagelação são feitos por um voto de fé. Já o castigo das deidades parece ser imposto, não escolhido pela pessoa. Será?

A Lei do Carma, no entanto, é inexorável e impessoal. Causas e condições provocam um efeito. E este pode ser causa e condição de outro efeito. No entanto, o efeito do carma cometido pode ser abrandado pelo arrependimento.

Declarar publicamente as insuficiências, as faltas, não é suficiente. É preciso o esforço para mudar. E essas mudanças são feitas com o apoio de outras pessoas, de práticas espirituais e dos aconselhamentos psicológicos terapêuticos.

Não estamos sós. Podemos escolher os caminhos da mudança. Alguns são mais difíceis, mais íngremes; outros, mais suaves. Os caminhos podem estar em direta ou indireta dependência com o carma cometido. Podem trazer surpresas e modificar o carma, quando há confiança, entrega, aceitação, respeito e gratidão.

Recentemente, participei de uma *live* com Gustavo Ziller, montanhista brasileiro que subiu o Everest, e o ouvi dizer sorrindo: "Quando cheguei ao topo do Everest, houve uma transformação em mim. A montanha me abraçou. Fui abraçado pelo todo. Transcendência. Seria isso o Nirvana de Buda? O grande *samadhi* dos iogues?".

"Sim", respondi. Ele entregou-se completamente. Voltou transformado. A experiência mística nos transforma. Jamais voltamos a ser como éramos antes do encontro sagrado. Mas, para manter um estado elevado, é preciso praticar incessantemente. Isso não significa apenas subir e subir montanhas mais altas. É a qualidade da procura que permite o encontro.

A transcendência se dá na imanência. Indo além de si mesmo, quebrando as barreiras entre o eu e o mundo à nossa volta, entre o eu e o outro, nos tornamos o Uno. Somos abraçadas e abraçados por tudo o que existe, e nenhum traço de iluminação permanece, além da alegria de ser e a leveza ao viver.

Podemos escolher os caminhos da transformação sem nos limitarmos por nossos limites ou por limites que queiram nos impor. Escolher a vida, a cura, aceitar as vacinas, reconhecer o perigo e cuidar-se é cuidar de todos.

Gustavo Ziller preparou-se muito para subir o Himalaia, mas houve o momento em que tudo foi transcendido. A experiência mística pode se dar na superação das nossas barreiras e limitações, no ir além de nós mesmos, no confiar e no se entregar sem esperar absolutamente nada. Ziller não foi atrás dessa experiência. Aconteceu quando se libertou de si, mesmo sem a intenção. Por isso, o Zen ensina que o caminho é o não caminho, que o eu é o não eu.

Qualquer expectativa pode frustrar a busca espiritual. A prática, os estudos, os estímulos dos mestres e das mestras são necessários, mas o momento de ruptura é inesperado — só quando a entrega é total. Até mesmo o querer atingir é abandonado; só assim o atingimos. Não há mais um eu avançando e se superando; há o todo nos conduzindo e levando. "Qualquer diagnóstico pode ser limitante e impeditivo de mudanças" é uma observação que sintetiza a ideia, pinçada de conversas por e-mail com Ianni Regia Scarcelli, professora de Psicologia da USP e praticante zen.

Podemos encerrar pessoas em pequenas caixas e selar cada caixa, de forma que não haja possibilidade de cura, de transformação de carma. A frase "este é o meu carma" já é limitante. Podemos perceber que houve causas e condições para este resultado, como quando plantamos flores ou tubérculos. Dependerá do solo, do cuidado e da ternura de quem plantar. Será que é o carma da minha horta de que tudo que eu plantar morrerá? Ou será que preciso aprender a fazer uma horta, conhecer a terra adequada, as sementes e as estações do ano propícias ao plantio?

E, depois, sempre mexer e afofar a terra, verificar as condições climáticas, retirar o entulho e algumas das ervas daninhas — não todas —, proteger e facilitar o crescimento. Agradecer e querer bem fazem parte de uma boa colheita e de uma boa educação. Da mesma maneira, saúde e doença nem sempre são escolhas nossas. Podemos nos fortalecer e nos precaver para não ficarmos adoentados e, mesmo assim, adoecermos. Será carma? Ou como tratamos da doença é o carma?

A cura ou o processo de mudança dependem de muitos fatores e também de nós. Podemos mudar o carma. Podemos ser mudados pelo carma. O carma pode modificar o carma.

Será que budas, seres despertos, estão sujeitos à Lei do Carma? Sim. Todos os seres estão. Como tudo o que existe, existiu e existirá. O que falamos, fazemos e pensamos transforma a trama da vida. Somos também transformados pelos movimentos da trama. Viver a partir de votos e honrar os compromissos é manter-se em pureza, bondade, sabedoria e compaixão. Budas criam carma buda, ou seja, criam carmas e condições para o despertar pessoal e o de todos os seres.

Pessoas que despertam, que acordam para a Lei da Causalidade, Lei da Origem Interdependente, fazem o voto de viver para o despertar coletivo e sempre mantêm o pensamento de fazer com que todos os seres possam despertar.

Há dois fatores fundamentais que nos levam a produzir carma benéfico através de ações, palavras e pensamentos:

1. perceber a transitoriedade (notar que tudo está em movimento e transformação, que tudo é passageiro — a alegria e a tristeza, o ganho e a perda, o nascimento e a morte —, pois, sem apegos e aversões, a compreensão da transitoriedade nos liberta das dores e dos sofrimentos);

2. notar a interdependência (perceber o que é e o que pode vir a ser e que somos afetados e afetamos a realidade, em uma rede de relacionamentos simultâneos entre cada um de nós, seres humanos e entre tudo que é, pois, quando entendemos que estamos todos interligados,

coexistindo, interdependendo de outros seres e outras formas de vida, nos tornamos mais humildes e respeitosos com toda a vida da Terra).

TRÊS VENENOS

Se podemos criar carma buda, também podemos criar carmas prejudiciais, provocados pelos vírus da ganância, da raiva ou da ignorância. São três vírus poderosos, que, se estivermos desatentos, podem nos infectar e se espalhar, contagiando inúmeras outras pessoas.

A ganância é querer mais e mais. Uma sensação de insuficiência, de necessitar sempre obter mais vantagens, ter mais poder, mais riquezas. E, por mais que se obtenha, sempre parece pouco. Uma exigência incessante. Leva a pessoa contaminada a cometer qualquer crime, abuso, falta de decoro para obter seus almejados frutos. O antídoto para a ganância é a doação, o compartilhar. Pode até iniciar como um gesto de imitação, na esperança de obter mais vantagens caso se torne um ser politicamente correto. Entretanto, desenvolvendo a capacidade de doar, entregar, permitir que outros tenham posições mais elevadas, a pessoa pode perceber que a vida se torna mais leve e agradável, curando-se desse mal.

A raiva pode provocar carmas terríveis: feminicídios, assassinatos, suicídios, guerras, genocídios. A raiva é quente, vermelha, ofegante. Respiração curta, menos oxigenação do cérebro. Há também a raiva fria, calculista, gelada, que prepara vinganças terríveis. Não podemos negar um sentimento de raiva e de indignação frente a injustiças e abusos. Podemos mudar a resposta que daremos ao mundo. O antídoto da raiva é a compaixão.

Desenvolver a capacidade de acolher tudo e todos em seu coração amoroso. Lembrando que todos podem se transformar, que há causas e condições para que as pessoas se manifestem de certa maneira, e sem tentar ser a palmatória do mundo — o ser perfeito que vai fazer todos os outros se tornarem seres bons pela força e pela violência, por gritos, ataques, tiros, facadas, socos e pontapés. Tornar-se um ser capaz de impedir qualquer ato violento, desenvolvendo a capacidade da não violência ativa. Isto significa criar causas e condições para transformar abusos e injustiças sem usar palavras, gestos, atitudes ou pensamentos de ódio e rancor.

Treinamento incessante. Reconhecer a raiva e a acolher como uma das emoções humanas. Não agir quando controlado por ela. Nem mesmo controlar a própria raiva, mas a deixar passar, respirando conscientemente e criando meios hábeis de transformar o que causou tal emoção. Para que não se repita. Podemos nos tornar elementos de transformação de uma cultura de violência em uma cultura de paz, justiça e cura.

A ignorância é negar as quatro nobres verdades ensinadas por Buda:

1. insatisfações existem;
2. há causas para nossas insatisfações: velhice, doença, morte, estar longe de onde gostaria de estar, estar perto de quem não gostaria de estar perto, ocupar-se do que não gostaria de se ocupar e assim por diante;
3. há um estado de equilíbrio e tranquilidade chamado nirvana — extinção das oscilações da mente —, estado de clareza, discernimento correto, sem apegos e sem aversões;
4. há oito práticas que se inter-relacionam, se intercruzam e são em si mesmas o estado de paz e tranquilidade (pensamento correto, ponto de vista correto, visão correta, fala correta, meio de vida correto, ação correta, meditação correta, sabedoria correta).

Ao negar e não viver de acordo com esses ensinamentos, a pessoa contagiada pela ignorância considera-se separada, especial, não percebe suas próprias insatisfações, passa a maior parte do tempo entre queixas, lamentações, rancores, raramente acessa o estado de equilíbrio e, mesmo quando o alcança, logo o perde novamente. Seus pensamentos são confusos, seus pontos de vista são errôneos, sua visão da realidade é deturpada, sua fala é imprópria, seu meio de vida é abusivo, suas ações são inadequadas, a meditação não é praticada e a sabedoria não se manifesta.

O antídoto para o vírus da ignorância é a compreensão — esta pode ser tomada de forma homeopática ou em doses altas e potentes, de forma que a pessoa possa sair do casulo criado por sua própria mente e se libertar. A pessoa aprisionada pelos efeitos maléficos dos três venenos raramente reconhece alguém que a queira auxiliar a se curar. Entretanto, é sempre possível que possa compreender seus erros e suas faltas e procure meios de restaurar a tessitura dos relacionamentos.

Quando a pessoa é capaz de perceber a sua própria responsabilidade por acontecimentos desagradáveis e reconhece a sua própria insuficiência, a sua falta ou seus erros, inicia um longo processo de correção, mudança e transformação. É, então, necessário o apoio de outras pessoas e o comprometimento de manter auto-observação constante para não voltar a se manifestar de forma indevida. Esse processo de cura é chamado de arrependimento.

    O arrependimento não apaga o carma produzido, quer tenha sido do pensar, do falar ou do agir. Cada causa repercutirá inexoravelmente, voltando seus efeitos a nós mesmos, aos outros e a todos. O arrependimento, entretanto, minimiza o efeito, o retorno da ação, da palavra, do gesto e do pensamento, que — sem considerar as consequências — produzimos. O carma é como jogar um bumerangue. Com a mesma força que foi jogado, voltará contra o jogador. O arrependimento significa perceber e impedir que o bumerangue fira alguém ou a si mesmo, interferindo no seu percurso e retorno. Este compromisso está sintetizado no "Poema do Arrependimento":

> *Todo carma prejudicial*
> *Alguma vez cometido por mim*
> *Desde tempos imemoriáveis*
> *Devido à minha ganância,*
> *raiva e ignorância, sem limites*
> *Nascido de meu corpo, boca e mente*
> *Agora, de tudo, eu me arrependo*

    Esse poema pode ser recitado todas as noites. Temos hábitos às vezes difíceis de mudar, que precisamos reconhecer para transformá-los. "Na Índia antiga, em noites de Lua cheia e Lua nova, os monges se reuniam para fazer o arrependimento."[37] De quinze em quinze dias, todos os discípulos e seguidores deveriam se apresentar, refletir sobre os compromissos assumidos e declarar suas insuficiências para que a comunidade os auxiliasse ao arrependimento e à mudança de hábitos e atitudes.

> No zen-budismo, a Lua é muito especial, é o simbólico da iluminação perfeita. Diz-se no zen que a Lua que está acompanhada de uma nuvenzinha a passar, cobrindo-a, é mais bela do que a Lua cheia e só no céu. A Lua nos purifica com a sua luz, e a falta, a ausência de ver a Lua significa que tudo está iluminado, que tudo está na mesma sintonia.
> Assim como você e todos têm as suas fases emocionais, a Lua também tem fases. Ainda que esteja invisível, sob uma sombra que a esconde, ela está lá, cintilante, branca e cálida. Às vezes mostra-se só um pouquinho de um lado, de outro, às vezes está pela metade, às vezes inteirinha, mas sempre está ali. E assim deve ser a nossa mente, o nosso coração de ternura, de sabedoria e de respeito. Não importa a fase, estar ali, presente.
> Arrependa-se com o *compromisso de mudar* e você será essa Lua cheia, com esse brilho iluminado e iluminador.[38]

---

37 COEN, Monja; CRUZ, Nilo. Sementes do Carma. *In:* **Zen Para Distraídos**. São Paulo: Planeta, 2017. p. 102.
38 Ibidem.

Arrependimento e confissão liberam e purificam, alimentam a fé e aumentam o esforço espiritual sem obstruções. Com fé pura, tanto a pessoa quanto todos os outros seres humanos e tudo à sua volta são modificados. O pensamento principal consiste no desejo sincero de libertação contido na seguinte prece:

> Por causa dos efeitos acumulados do carma prejudicial do passado,
> agora tenho muitos obstáculos para realizar o Caminho.
> Budas Ancestrais, que despertaram através da prática
> dos ensinamentos do Caminho de Buda, sintam compaixão por mim.
> Rogo que me libertem das amarras do carma anterior
> e eliminem quaisquer obstáculos da minha prática do Caminho.
> Façam com que o portal do Darma se abra completamente
> e os méritos acumulados preencham a realidade ilimitada
> e que sua compaixão recaia sobre mim.
> Budas e bodisatvas que já passaram pelo que estou passando agora,
> rogo que me deem forças para superar os meus obstáculos.

Quem se arrepender dessa forma certamente terá a invisível assistência dos budas ancestrais.

Todo carma prejudicial
alguma vez cometido por mim,
desde tempos imemoriáveis,
Devido à minha ganância, raiva
e ignorância sem limites,
Nascido de meu corpo, boca e mente,

Agora de tudo
eu me arrependo.

(DES)ENVOLVIDOS

Podemos alterar o efeito do carma produzido com nossas ações, palavras e com nossos pensamentos. Registra o *Dhammapada*: "O mal é feito pelo eu que a partir de si mesmo se contamina. O mal é desfeito pelo eu que a partir de si mesmo se purifica. Cada qual é responsável por sua própria pureza ou impureza. Ninguém pode purificar outrem"[39].

Podemos purificar o carma ancestral com nossa vida presente. O que você vem fazendo? Purificando ou maculando sua ancestralidade com sua maneira de viver, com suas escolhas, sua fala, seus gestos, suas atitudes, seus pensamentos?

Reflita. Observe em profundidade. Produza carma benéfico para o maior número de seres e deixará um legado de luz, bondade, sabedoria, compaixão,

---

39 **O DHAMMAPADA**: O Nobre Caminho do Darma do Buda. Tradução Enio Burgos. Bodigaya, 2010. V. 9, cap. 12.

amor e cuidado para todas as vidas presentes e subsequentes. Não será exatamente você, com este nome, corpo, com esta personalidade. Será alguém que terá a escolha entre repetir erros anteriores ou se tornar um elemento de transformação.

Bodidarma insistia com seus discípulos para que procurassem seu eu verdadeiro, fossem à fonte cristalina, deixassem de se entreter com pequenas poças, parassem de brincar nos charcos. O objetivo que jamais deve ser esquecido é o de mergulhar nas profundezas e se fundir com as águas do grande mar. A isto chamamos o eu não eu. Quando voltamos à superfície, nossa visão já foi transformada e percebemos que somos o todo manifesto. O olhar desperto desperta todos os seres, modificando a realidade.

As guerras entre Israel e Palestina têm perpetuado um carma prejudicial para ambos os povos. Algumas pessoas — ainda poucas — de ambos os países estão se unindo para transformar o ódio, o rancor e as vinganças em harmonia e respeito. Uma longa jornada. Possível, sim. Transformadores de carma.

Acredito que o despertar da mente buda, da mente sábia e compassiva, amorosa e respeitosa, digna, honrada e acolhedora, é o caminho ou a porta principal para o diálogo, a diplomacia e o respeito necessários para o cessar-fogo e para reconstruir a teia de relacionamentos que foi rompida. Restauração. Crer e trabalhar incessantemente para que essa harmonia e paz aconteçam é o esperançar, como dizia Paulo Freire. Não significa esperança de esperar que algo mude. Cada uma, cada um de nós é responsável por modificar o carma, ou seja, as causas e condições repetitivas que provocam efeitos semelhantes. A transformação de cada ser humano facilita a transformação de toda a humanidade. É chegada a hora de criarmos carma benéfico, cessar o contínuo estímulo ao ódio, à disputa, aos conflitos.

Certa ocasião, encontrei um pajé chamado Tchijo. Sua tribo é lá do Norte/Nordeste. Estávamos em um encontro inter-religioso, que se tornou intrarreligioso. Ele praticava conosco a meditação sentada — zazen —, e nós praticávamos com ele a roda de sabedoria do cachimbo da paz, da fogueira e da sopa de pedra.

Na roda de conversa, alguém perguntou ao pajé Tchijo se ele não estimulava os jovens a se defenderem das pessoas brancas, que tanto fizeram contra os povos indígenas. "Temos dois pajés em nossa tribo", ele respondeu. "Um fica na aldeia e o outro sou eu, que saio pelo mundo para que todos possam entender que formamos uma só tribo: a humana". Em seguida, pajé Tchijo completou: "Não esquecemos a história, mas não estimulamos o ódio e o rancor em nossos jovens. O que foi feito, já foi. Podemos criar novos relacionamentos onde haja acolhida e respeito entre todos os povos".

Esse é um trabalho constante para alterar os efeitos do carma prejudicial do passado e criar carma benéfico no presente. Há muitas pessoas trabalhando por essas mudanças, que são relacionadas a toda vida da Terra: aquecimento global, pandemias, equidade entre todos os seres humanos, menos violência, respeito e cuidado.

Claro que ainda estamos longe de atingir as 17 metas da Agenda 2030 para o Desenvolvimento Sustentável, um plano de ação criado por chefes de Estado e de Governo e altos representativos, reunidos na sede das Nações Unidas, em Nova York, de 25 a 27 de setembro de 2015:

- erradicação da pobreza;
- fome zero e agricultura sustentável;
- saúde e bem-estar;
- educação de qualidade;
- igualdade de gênero;
- água potável e saneamento;
- energia limpa e acessível;
- trabalho decente e crescimento econômico;

- indústria, inovação e infraestrutura;
- redução das desigualdades;
- cidades e comunidades sustentáveis;
- consumo e produção responsáveis;
- ação contra a mudança global do clima;
- vida na água;
- vida terrestre;
- paz, justiça e instituições eficazes;
- parcerias e meios de implementação.

É preciso cuidado: palavras têm poder. O descuido é fonte de grandes desastres ambientais, como o de Brumadinho, a pandemia do coronavírus e o rompimento de relações amorosas ou amigáveis.

Desenvolvimento pode parecer "não estar envolvido com". Um estudante brasileiro, na cidade de Coimbra, em Portugal, há alguns anos, enquanto compartilhávamos uma bacalhoada em um restaurante simples e delicioso, em companhia de outros bolsistas brasileiros, falou sobre sua tese de doutorado:

> Desenvolver significa não estar envolvido. Precisamos alterar esse conceito. Precisamos estar envolvidos com a Amazônia, com os povos indígenas, com a vida da Terra. Não é desenvolver; é envolver-se mais e mais, conhecer e atuar para o bem de todos, conforme suas verdadeiras necessidades.

Não se encontra nos dicionários qualquer acepção negativa para o verbo desenvolver, tendo-se o "des" como elemento de sentido oposto (não se envolver) — assim como desempenho não é o contrário de empenho —, mas foi uma reflexão que me transformou. Não me lembro do nome do jovem bolsista do Pará. Era alto, forte e inteligente, como muitos outros bolsistas que almoçaram conosco naquele dia — e tantos outros que, como ele, precisaram retornar ao Brasil e encerrar seus estudos em Portugal por falta de verba do Governo Federal. Envolvermo-nos mais e mais com as causas ambientais, causas da miséria e da fome no mundo, causas sociais e de saúde pública. Ou aceitamos que tudo isto é castigo?

Certa ocasião, em Goiânia, uma senhora que participava de um encontro Zen deu o seguinte depoimento:

> Eu acreditava na Lei do Carma. Era assistente social. Certo dia, os tratores do governo chegaram para demolir os casebres de uma comunidade carente. Eu estava lá. Tentamos impedir. Pessoas se colocaram em frente aos tratores. Nada adiantou. Os barracos foram demolidos entre gritos e pranto. Não, Monja, aquilo não era carma anterior. Era injustiça social.

Importante depoimento. Será que devemos nos calar e sofrer abusos, por ser resultado de carma anterior? Há muitos anos, estive em um encontro inter-religioso no Rio de Janeiro, e houve um passeio na Rocinha com um jesuíta que trabalha na Índia acompanhando o grupo. Eu tive outro compromisso e não fui. Na volta, sentei-me com o jesuíta para saber como tinha sido o encontro. Disse ele:

> Vocês aqui na comunidade da Rocinha têm luz elétrica, lojas de alimentos com alimentos para vender, as pessoas têm brilho nos olhos, energia. Na Índia, as populações carentes não têm luz elétrica, não há lojas nas favelas, não há o que comer. Ficam sentados, com olhos baços, esperando morrer e, quem sabe, renascer numa condição melhor. É terrível. Nosso trabalho missionário é empoderá-los para que possam exigir os direitos humanos básicos a cada criatura.

Esse encontro foi há mais de quinze anos. Nunca o esqueci. Alguns anos depois, fui convidada a visitar a Índia com um grupo de praticantes de ioga, liderado pelo professor Marcos Rojo. Vi maravilhas de edificações, de práticas religiosas e de ioga, encontro com tradições milenares e origem de muito conhecimento filosófico. Vi também a pobreza e a miséria que o jesuíta descreveu. Pessoas magras, de olhos sem brilho, sentadas às proximidades dos crematórios do Rio Ganges, aguardando morrer.

ERRO DE LEITURA

A crença errônea na Lei do Carma leva pessoas a crer que estão pagando (sendo castigadas) por algum carma prejudicial do passado e que devem aguardar um novo renascimento mais afortunado. Sem alimentos, sem energia, nada pedem. Aguardam a morte.

Mahatma Gandhi insistia muito na necessidade de empoderar as pessoas para que soubessem que todas têm direito à vida, à alimentação, à saúde, ao estudo e à habitação. A interpretação errônea da Lei do Carma pode levar pessoas a não procurar modificar as condições que são colocadas em algumas sociedades.

Durante a pandemia do coronavírus, houve momentos em que morreram mais de cinco mil pessoas por dia na Índia — berço do budismo, do hinduísmo, do jainismo[40], do Yoga, dos Upanixades, dos Vedas e do Baghavada Gita, entre outros textos sagrados. Milhares de pessoas contaminadas sem leitos hospitalares, sem equipamentos e sem crematórios suficientes. Corpos jogados nos rios. As autoridades colocaram redes barrando os corpos jogados nas águas. Quando assim o fizeram, no primeiro dia, recolheram 70 corpos. Pobreza, miséria, falta de saneamento, falta de apoio de outros países. E o grande paradoxo: laboratórios indianos vendendo insumos para vacinas a serem fabricadas em outros países.

Seria resultado de carma perverso e maléfico do povo indiano? Ou seria descaso e abuso sofrido por séculos? É importante fazer a diferença.

A hanseníase não é doença cármica. É doença que pode afetar seres humanos e tem cura desde 1947. A epilepsia também não é doença cármica. Doenças existem, e, se as considerarmos doenças cármicas, estaremos discriminando preconceituosamente pessoas que estão sofrendo.

Como saber quais foram as causas e condições do aparecimento de determinada doença? Mesmo

---

40   Jainismo é outra das religiões indianas. Surgiu no século VI a.C. em oposição à tradição védica e fundamentada no conceito de não violência (*ainsa*).

assim, em algum lugar da nossa mente, queremos uma explicação para os sucessos e fracassos, a saúde e a doença... Algumas são questões genéticas e outras não o são. Seria carma prejudicial de vidas anteriores? Castigos? Purificações?

No Japão, bem como no Brasil, as pessoas com hanseníase eram afastadas e aprisionadas em locais impossíveis de sair. Lá, havia uma ilha chamada Ilha do Amor. Pacientes com hanseníase eram levados de barco e nunca mais voltavam a sair da ilha. Lá, se casavam, tinham filhos — alguns foram adotados por outras famílias sem autorização dos pais. Foi época de muito sofrimento. Imagine que, acima do sofrimento de uma doença para a qual ainda não havia cura e que fazia as extremidades do corpo caírem depois de perder a sensibilidade e apodrecer, ainda fosse imposto aos doentes se conformar, pois estariam pagando por algum crime do passado.

Estive visitando pessoas que ainda moravam na Ilha do Amor. Nós, monges e monjas, em um programa de graduação, tivemos de estudar sobre a hanseníase, visitar e comer com pacientes, verificar curas e ver próteses, a fim de nunca dizermos que a hanseníase é uma doença cármica, resultante de más ações em vidas anteriores.

Estudar as causas das doenças e procurar a cura é o Caminho de Buda. Apenas querer afastar, repudiar e ainda por cima ofender os pacientes, afirmando que foram maus no passado e por isso estariam sofrendo, é a senda da ignorância. O que fazemos a partir das doenças que podem nos afetar é o carma que produzimos.

Há quem queime moradores de rua. Há quem proteja, alimente e cuide de moradores de rua. Há quem escravize seres humanos e abuse de jovens. Há quem liberte seres humanos e impeça qualquer abuso. Podemos fazer escolhas. Quem faz o bem, fica bem. Quem faz o mal, fica mal.

A DESCOBERTA

Esta noção de que agir bem gera o bem e agir mal gera o mal é o fundamento da formulação da doutrina do carma. Em *The Vedic Origins of Karma*, o historiador Herman W. Tull registra que "[...] a mais antiga formulação da doutrina do carma acontece no *Brhadaranyaka Upanixade*, texto composto entre 600 e 500 a.C. e considerado o mais antigo dos textos Upanixades"[41]. Em sânscrito, *upanishad* significa "sentar-se perto de algo" (uma fogueira na floresta, por exemplo) ou "doutrina secreta" (com os Upanixades, começou a se propagar o costume de se retirar para a floresta a fim de dedicar-se completamente à meditação, abandonando a vida

---

41 Os Upanixades são textos filosóficos escritos entre os séculos VIII a.C. e IV a.C., sucedendo os textos brâmanes e que também foram anexados às escrituras hindus como vedantas.

social. Estes monges eram chamados *rishis*, e os conhecimentos eram ensinados em segredo).

No texto Brhadaranyaka, dois sábios conversam sobre a doutrina védica do ritual de morte: "[...] a dissolução do falecido na pira funeral (o fôlego para o ar, o olho para o Sol, a mente para a Lua, a audição para as estações, etc.)"[42], como relata Tull. É quando o sábio Artabhaga pergunta a seu colega Yajnavalkya: "No que, então, torna-se este homem?"[43]. Yajnavalkya toma o colega pela mão e retira-se com ele, porque "isto não é para nós dois tratarmos entre outras pessoas"[44]. E o texto continua em terceira pessoa: "Tendo se retirado, eles se engajaram em uma conversa. Aquilo sobre o qual eles conversaram era carma e aquilo que eles louvaram era ação (karman): um torna-se de fato bom pela boa ação (karman), mau pela má"[45].

---

42 TULL, Herman W. **The Vedic Origins of Karma**: Cosmos as Man in Ancient Indian Myth and Ritual (As Origens Védicas do Carma: O Cosmo como o Homem nos Antigos Mito e Ritual Indianos, em tradução livre, ainda sem edição no Brasil). Suny Press: Albany, 1989, p. 28.
43 Ibidem.
44 Ibidem.
45 Ibidem.

Esta assertiva final é a premissa fundamental da doutrina do carma, ou seja, como formula Tull, "um indivíduo alcança um estado depois da morte que é resultado direto da qualidade moral de suas atividades antes da morte"[46]. E este é o ponto que vai distinguir completamente a doutrina upanixade da doutrina brâmane[47], porque, nesta, pouco ou quase nada há de interesse em ética. A preocupação brâmane era com a execução dos rituais. Se os fizessem corretamente, teriam a retribuição de benesses; se não, teriam maus resultados. O texto Xatapatha Brahmana, conforme tradução própria de Tull para o inglês, sentencia: "Quando o Agnihotra (Agni é uma deidade: Terra) está sendo oferecido, o que ele fizer de errado, seja verbalmente ou na performance, isto decepa seu vigor, seu próprio eu, ou seus filhos"[48].

---

46 Ibidem.
47 O bramanismo foi o segundo dos três períodos da religião indiana (século X a.C. a VII a.C.), sucedendo o período arcaico dos Vedas e precedendo o terceiro período: o do pensamento contido nos Upanixades (escritos entre os séculos VIII a.C. e IV a.C.), que desenvolveu originalmente a doutrina do carma.
48 TULL, op. cit., p. 29.

O aspecto moral na doutrina Upanixade alcança grande ênfase. Tull cita Deussen, que, em seu livro *Philosophy*, elucida:

> O motivo que está na base da transmigração está claramente expresso. Ele é a grande diferença moral do caráter... que o filósofo explica na hipótese de que uma pessoa já existiu antes do seu nascimento, e que o seu caráter inato é fruto e consequência de sua ação prévia.[49]

Os textos Upanixades introduzem outra grande inovação a partir da meditação e da ascese fora do convívio social. Na prática ascética, ao contrário das oferendas rituais de Vedas e Brâmanes, o que é oferecido aos deuses é um "sacrifício interior", no qual "as funções fisiológicas substituem as libações e os objetos rituais"[50], como registra o historiador romeno Mircea Eliade na trilogia *História das Crenças e Ideias Religiosas*. Neste processo, "as estruturas e os fenômenos cósmicos são assimilados aos órgãos e às funções do corpo humano, e, além disso, aos elementos do sacrifício (altar, fogo,

---

49 Ibid., p. 28.
50 ELIADE, Mircea. **História das Crenças e Ideias Religiosas**. Livro I. Tradução Roberto Cortês de Lacerda. Rio de Janeiro: Zahar, 2010, p. 226.

oblações, instrumentos rituais, expressões litúrgicas etc.)"[51]. Por conseguinte, a ascese é reconhecida no sacrifício. "Certas formas de ascese, como por exemplo a retenção da respiração, são tidas até como superiores ao sacrifício; seus resultados são declarados mais preciosos do que os 'frutos' do sacrifício"[52], aponta Eliade.

Assim, ritos e deuses deixam de ser relevantes (está nos Upanixades, conforme Eliade), "sem uma meditação sobre o atman, o sacrifício não está completo"[53]. O ideal Upanixade já aparece formulado em uma prece no Brhadaranyaka: "Do não ser (asat) conduze-me ao ser (sat), da escuridão conduze-me à luz, da morte conduze-me à imortalidade"[54].

Karman, nos textos Brahmanas, refere-se à atividade ritual e ao seu mérito, que era propiciar ao sacrificante alcançar o mundo dos deuses, a pós-existência da alma no Céu. Porém, com as meditações Upanixades, o poder do sacrifício alcança outra dimensão, porque, "refletindo sobre o ritual de 'causa e efeito', era inevitável que se descobrisse

---

51 Ibidem.
52 Ibidem.
53 Ibidem.
54 Ibid., p. 229.

que toda ação, pelo simples fato de obter um resultado, integrava-se numa série ilimitada de causas e efeitos"[55], como observa Eliade. E continua: "Uma vez reconhecida a lei da causalidade universal no karman, desfazia-se a certeza fundamentada nos efeitos salutares do sacrifício"[56]. Entenda-se por efeitos salutares realizar o desejo da pós-existência da alma. O seguinte trecho de Eliade é esclarecedor:

> [...] mas onde se "realizavam" os produtos de todos os seus outros atos, efetuados durante sua vida inteira? A pós-existência beatífica, recompensa de uma atividade ritual correta, devia portanto ter um fim, Mas, então, o que acontecia com a "alma" (atman) desencarnada? Em hipótese alguma ela podia desaparecer definitivamente. Restava um número ilimitado de atos efetuados durante a vida, e estes constituíam outras tantas "causas" que deviam ter "efeitos"; em outras palavras, deviam "realizar-se" numa nova existência, aqui na Terra ou num outro mundo. A conclusão impunha-se por si mesma: depois de haver desfrutado de uma pós-existência beatífica ou infeliz num mundo extraterrestre, a alma era obrigada a reencarnar-se. Foi a lei da transmigração, samsara, que,

---

55 Ibidem.
56 Ibidem.

uma vez descoberta, dominou o pensamento religioso e filosófico indiano, não só "ortodoxo" como também heterodoxo (o budismo e o jainismo).[57]

A grande mestra zen Jiyu-Kennett Roshi, em seu livro *Vendendo Água à Beira do Rio*, escreveu:

> A doutrina budista do renascimento é distinta da teoria da reencarnação e transmigração, pois budismo nega a existência de uma alma eterna e imutável. As formas humanas ou animais são manifestações temporárias da força da vida, comum a todos. "Ser" é apenas um conceito usado com propósitos convencionais. Nascer é apenas o vir a ser de uma existência psicofísica.
> Assim como um estado físico é condicionado por um estado precedente como sua causa, assim também este vir a ser desta vida psicofísica é condicionada por causas anteriores ao seu nascimento. Assim como o processo vida é possível sem algo permanente passando de um momento de pensamento a outro, assim a série de processos vida é possível sem nada que transmigre de uma vida a outra. Este corpo morre transmitindo sua força vital a outro, sem nada transmigrando que seja reconhecível como uma entidade separada.

---

57 Ibid., p. 230.

O ser futuro será condicionado pela presente força vital aqui produzida. O novo ser não é absolutamente o mesmo que seu predecessor, uma vez que a composição não é idêntica; nem completamente diferente, pois é a mesma corrente de força vital, como a corrente elétrica que ativa uma lâmpada, mas que é invisível quando a lâmpada está apagada ou queimada. Assim como a eletricidade não cessa sua corrente quando uma lâmpada queima (apenas força a necessidade de uma nova lâmpada), da mesma forma com o renascimento: há uma continuidade de força vital que se manifesta no nascimento e parece invisível na morte — só isso e nada mais.

Carma passado condiciona o presente nascimento e o carma presente, em combinação com o carma passado, condiciona o futuro nascimento. Como vimos, renascimento precisa ser distinto de reencarnação ou transmigração visto que uma imutável ou eterna alma é não existente. Desde que não há um "Eu" individual para pensar, então não há nada a renascer. Entretanto, reconhece-se que há episódios relatados por muitas pessoas que parecem afirmar o movimento de algum tipo de consciência, energia ou espírito que continua surgindo e desaparecendo, sem ser o mesmo, mas em um contínuo descontínuo.[58]

No dia em que minha mãe foi enterrada, por exemplo, quando retornei do cemitério e adentrei seus aposentos, ouvi-a falar internamente: "Há uma coisa sua em meu armário. Pegue". Abri o armário e encontrei um rosário budista branco que, há anos, havia trazido do Japão e deixado com ela. Nunca mais a ouvi. Nem nunca a vi como um espírito vagante.

Sempre que oficio velórios e/ou enterros, faço-os com profunda convicção de que estou encaminhando aquele espírito para a luz infinita, para a grande tranquilidade de Nirvana. Só aconteceu uma vez de entrar na sala do velório e a encontrar completamente vazia. Parentes e amigos estavam lá. O corpo estava lá. Mas não havia nada além desse corpo. Outro religioso estivera no recinto e já havia encaminhado o espírito.

As famílias de Okinawa, ao sul do Japão, conversam com seus ancestrais, e há médiuns que recebem espíritos e pedem liturgias budistas para acalmá-los. Até hoje, oferecemos alimentos,

---

[58] KENNETT, Roshi Jiyu. **Zen is Eternal Life**. California: Dharma Publishing, 1976.

preces, incenso e flores aos nossos fundadores, que morreram há mais de 800 anos. Podemos sentir suas presenças nos mosteiros e nas salas memoriais durante as liturgias especiais.

ONDE ESTÁ GAUTAMA?

Se você já sabe que os textos Upanixades foram escritos entre 600 e 500 a.C., deve estar se perguntando onde estava Buda nesse processo todo. De fato, Upanixades e Buda são contemporâneos. Mas o que aconteceu?

O menino que viria a tornar-se "o desperto" nasceu príncipe, em abril ou maio de 558 a.C. (a data mais aceita pelos historiadores — no budismo japonês, tem dia certo: 8 de abril), em Kapilavastu. Seu pai, Suddhodana, era rei de um pequeno Estado e deu-lhe o nome de Siddharta, que, em sânscrito, significa "fim alcançado". Maya, sua mãe, morre sete dias após o nascimento. Sidarta é criado por uma tia, recebendo toda a educação de um príncipe indiano, e "distingue-se tanto nas ciências quanto nos exercícios físicos", como observa Eliade no segundo livro da trilogia *História das Crenças e Ideias Religiosas*.

Aos 16 anos, casa-se com duas princesas de países vizinhos: Gopa e Yashodhara — esta última lhe dará, 13 anos depois, o filho Rahula, estando Sidarta com 29 anos, ou seja, em 529 a.C. É justamente a idade com a qual abandona o castelo, obedecendo a um preceito hindu, que só permite a alguém renunciar ao mundo depois do nascimento de um filho. Cortou os longos cabelos que identificavam sua nobreza, em um gesto de rejeição ao sistema de castas, e tornou-se um asceta itinerante. Para essa nova vida, assumiu o nome Gautama, que era o de sua família no clã dos Xaquia. Tomou o rumo de Vaisali, "onde um mestre bramânico, Arada Kalama, ensinava uma espécie de sanquia[59] pré-clássico. Bem depressa apropria-se desta doutrina, mas julgando-a insuficiente, deixa Arada"[60], como narra Eliade.

---

[59] Sanquia é um sistema filosófico indiano surgido por volta do séc. VII a.C., caracterizado especialmente por sua concepção dualista do universo, que ensina a necessidade da distinção entre espírito e matéria para que o indivíduo alcance a libertação final (*mocsa*). SANQUIA. *In:* **DICIONÁRIO Houaiss da Língua Portuguesa**. Objetiva, 2009.

[60] ELIADE, Mircea. **História das Crenças e Ideias Religiosas**. Tradução Roberto Cortês de Lacerda. Rio de Janeiro: Zahar, 2010. Vol. 2, p. 75.

Em Magadha, reino de Bimbisara, acaba por encantar o soberano a tal ponto que este lhe oferece metade do reino, tentação que Gautama recusa para tornar-se discípulo de outro mestre, chamado Udraka, com quem permanece por um ano. "Domina com a mesma facilidade as técnicas de ioga ensinadas por Udraka"[61], conta Eliade, "mas, insatisfeito, deixa-o e, acompanhado de cinco discípulos, dirige-se para Gaya"[62].

Durante os próximos seis anos, Gautama enfrentaria terríveis provações, pondo-se imóvel — primeiro, quase sem se alimentar, e logo passando ao jejum completo — até tornar-se um fio de vida, pele e osso apenas. Foi só quando chegou ao fim de sua força vital que decidiu quebrar o jejum, pois chegara à constatação de que a ascese não servia como meio de libertação. Seus discípulos deixaram-no, em desaprovação, mas o longo período de provações acabou por dar-lhe um trunfo decisivo, pois, nas palavras de Eliade,

> [...] podia doravante proclamar que tinha dominado as práticas ascéticas como já havia dominado a filosofia (sanquia) e a ioga; da mesma forma como, antes de

---

61 Ibidem.
62 Ibidem.

renunciar ao mundo, conhecera todas as voluptuosidades da vida de um príncipe. Nada do que constituísse a infinita variedade das experiências humanas lhe era a partir de então desconhecido — desde as beatitudes e as decepções da cultura, do amor e do poder até a pobreza de um religioso itinerante, as contemplações e os transes do iogue, passando pela solidão e pelas mortificações do asceta.[63]

As mortificações sofridas por Gautama renderam-lhe o título de Xaquiamuni, que significa "o asceta do clã dos Xaquia". Recuperado dos prejuízos físicos do jejum, decidiu sentar-se em meditação, com o inabalável propósito de só sair do pé da árvore que escolhera para ficar quando obtivesse o "despertar". Pela proclamação pública de Gautama como "o desperto", o *buddha*, "sua vida transfigurou-se e recebeu as dimensões mitológicas próprias dos grandes salvadores"[64], como observa Eliade.

Na mitologia budista, antes que Gautama entrasse em meditação, foi atacado pelo deus Mara, a Morte, que percebeu que o que estava prestes a ser descoberto seria seu próprio fim, uma vez que seria a solução para interromper o interminável

---

63   Ibid., p. 76.
64   Ibid., p. 73.

ciclo nascimento-morte-renascimento. Mara queria o lugar de Xaquiamuni sob a árvore e o tentou de todas as formas ao longo do dia, mas sua pureza moral o fez vencedor, e ele, finalmente, pôde dedicar "suas forças espirituais no problema central: a libertação do sofrimento"[65], como aponta Eliade.

Ao fim de três vigílias, quando raiou o dia, estava convertido em Buda, tinha compreendido "a totalidade dos mundos e seu eterno devir, ou seja, o ciclo terrífico de nascimentos, mortes e renascimentos regido pelo carma"[66], como formulou Eliade, e havia chegado às quatro nobres verdades (sobre o sofrimento, as causas do sofrimento, a interrupção do sofrimento e o caminho para essa interrupção). Permaneceu nesse campo do despertar por sete semanas. Depois, partiu para Benares e lá reencontrou os cinco discípulos que o haviam deixado quando da quebra do jejum. Buda revelou-lhes as quatro verdades e os cinco converteram-se, tornando-se *arhats*, ou "santos". A partir desse momento, as conversões passaram a se multiplicar rapidamente, e logo estava a *samgha* (comunidade) com 60 monges, os chamados *bhikkhu*, que Buda enviou a pregarem pelo país. A pregação do Buda tem foco na libertação dos

---

65   Ibid., p. 77.
66   Ibidem.

seres humanos e "é justamente este prestígio de 'salvador' que faz de sua mensagem soteriológica uma 'religião' e não demora a transformar a personagem histórica Sidarta num ser divino"[67], como constata Eliade. Porque é importante lembrar que, ao contrário de qualquer outra religião, o budismo não foi fundado por alguém que se dizia um profeta ou enviado de um deus.

Enquanto seus discípulos iniciais se espalhavam pelo país, Buda tomou rumo próprio. As conversões alcançavam cada vez mais gente, famílias inteiras, incluindo as nobres, e o mesmo rei Bimbisara, que havia oferecido a Gautama metade do reino, doou a Buda e à comunidade um eremitério. Atendendo a um apelo do pai, Buda voltou à sua cidade natal com um grande grupo de monges. Acabou por converter o próprio pai e vários outros membros da família. Logo retornou ao seu eremitério doado, fez mais conversões em outras cidades e teve de voltar outra vez a Kapilavastu para acompanhar o pai, à beira da morte.

As fontes históricas não são muito precisas, mas Eliade informa que: "Durante a estação das chuvas, ele prosseguia sua pregação nos vihara

---

[67] Ibid., p. 73.

(mosteiros) próximos das cidades. O resto do ano, acompanhado dos discípulos mais chegados, viajava pelo país, pregando a boa lei"[68]. Em 478 a.C., já com 80 anos de idade, foi acometido gravemente de disenteria. Ao se recuperar, Ananda — seu primo, discípulo e companheiro em todas as viagens — comemorou o fato de que o iluminado não deixaria este mundo sem transmitir as instruções para a comunidade. Narra Eliade:

> Buda, no entanto, respondeu-lhe que ensinara a lei integralmente, sem manter em segredo nenhuma verdade, como o fazem certos mestres; tornou-se um "velho débil", sua via chegou ao termo, e daquele momento em diante os discípulos teriam de buscar na lei o socorro de que necessitassem.[69]

Caminharam para a cidade de Papa, onde um ferreiro local lhes ofereceu um jantar. Infelizmente, o organismo de Buda não aceitou bem a alimentação oferecida, e ele teve uma "diarreia sanguinolenta", nas palavras de Eliade. Ainda assim, decidiu rumar a outra cidade, mas, como relata o autor, "Extenuado depois de uma penosa marcha,

---

68 Ibid., p. 79.
69 Ibidem.

Buda deitou-se sobre o flanco direito, entre duas árvores, num pequeno bosque, voltado para oeste, a cabeça virada para o norte, e a perna esquerda estendida para a direita"[70].

Uma multidão acabou por concentrar-se no local. Buda, então, perguntou a seus fiéis se tinham dúvidas sobre a lei e a disciplina, mas ninguém se pronunciou. E, assim, Buda pronunciou suas últimas palavras: "É a vós que me dirijo, ó monges mendicantes: a perecibilidade da vida é a lei das coisas; não relaxeis vossos esforços"[71].

---

70 Ibid., p. 80.
71 Ibidem.

Nesta caligrafia, lê-se "Buda".

O NIRVANA

Você já percebeu que tipo de carma está criando? Ainda há ataques, luta armada, mortes, abusos. Resultados de carmas prejudiciais que continuam influenciando a vida presente? O que você faz para que seja diferente? Apenas observa, reclama, culpa este ou aquele personagem ou é capaz de observar em profundidade e viver para transformar a violência em não violência ativa? Escolha.

Garimpo, desmatamento, abuso da vida silvestre prejudicam não apenas os povos indígenas, mas a toda a humanidade. Há quem ainda não perceba a teia de inter-relações entre tudo e todos. Vítimas também de uma cultura de violência e de abusos; devem ser apiedados e educados. "A Educação não muda o mundo. A Educação muda as pessoas e as pessoas mudam o mundo" (Paulo Freire).

Que possamos despertar e nos curar da ganância, da raiva e da ignorância — os três vírus contagiosíssimos que afetam a humanidade. Há antídotos, porém. A caridade, o compartilhamento, a solidariedade e a doação vencem a ganância. Compaixão e identificação são a cura da raiva. Compreensão, sabedoria e investigação dos fenômenos são os antídotos para a ignorância. Precisamos, podemos e devemos desenvolver essas qualidades em todos nós. Se assim o fizermos, produziremos carma benéfico, causas e condições para uma vida plena, harmoniosa e saudável, em que todos os seres possam ter plenitude de bens e felicidade. Aprofundando, vamos nos refugiar no mestre Bodidarma e em seus ensinamentos: "Eu me refiro apenas a ver sua própria natureza".

O que Buda percebeu através de suas práticas investigativas da verdade e da vida é que não há nada fixo e permanente, que estamos todos interligados e interdependemos uns dos outros. Buda percebeu essa trama de relacionamentos com todas as formas de vida, além de constatar que insatisfações existem, que há causas e condições para nossas insatisfações e que é possível acessar um estado de plenitude, de cessação das oscilações da mente e de estados emocionais antagônicos, estado chamado de Nirvana.

A palavra Nirvana significa, literalmente, cessação, extinção das oscilações de estados mentais, tranquilidade profunda, como o apagar da chama de uma vela, que tremulasse ao vento. O Nirvana está diretamente ligado a oito aspectos de prática de vida:

- pensamento correto;
- ponto de vista correto;
- meio de vida correto;
- ação correta;
- atenção correta;
- fala correta;
- meditação correta;
- compreensão correta.

Quando somos capazes de pensar, analisar, colocar em prática, mantermo-nos em plena atenção, usar palavras adequadas, ter pensamentos claros sobre a realidade, meditar, desenvolver estudos filosóficos e espirituais e aprofundar a compreensão da vida, surgem a sabedoria e a compaixão ilimitadas, que nos libertam de todas as amarras mundanas, de todos os apegos e todas as aversões. Vivemos Nirvana.

A FILOSOFIA DO CASTIGO

Carma é ação que deixa marcas, resíduos, ou seja, ação com tendência à repetição. Pode surgir a partir de palavras, de movimentos do corpo ou de pensamentos. Algumas vezes, os três — palavras, ações e pensamentos — manifestam-se simultaneamente. A pessoa grita, insulta, gesticula, bate e tem pensamentos perversos ou é doce, abraça e tem pensamentos amorosos, compassivos. Ou apenas passa sem nada dizer, sem agredir ou agradar e sem pensamentos benéficos ou maléficos.

Carma pode ser prejudicial, mas também pode ser benéfico ou neutro. Não é destino fixo, não é determinismo. O carma está diretamente ligado à Lei da Causalidade. Tudo o que existe, existiu e existirá é a rede de causas, condições e efeitos. Disto surge aquilo, que leva àquilo mais, e assim por diante. Uma trama de causas e condições, em que a causa de um evento ou situação pode ser o efeito de outro; as condições de um podem ser causas ou efeitos de outros. Todos interligados. Uma lei impessoal e inexaurível. Causas e condições criadas, o efeito inevitavelmente surgirá.

O carma é imparcial. Não escolhe uma pessoa ou uma circunstância. Não se refere a castigo, vingança da natureza ou cobrança divina. Tampouco é um processo educacional de aprimoramento do ser individual ou do coletivo. É a lei de causa, condição e efeito. Para que algo ocorra ou se manifeste, mesmo aleatoriamente, é necessário que haja causas e condições adequadas.

O que propicia uma causa e/ou uma condição? Outra condição, outra causa ou um efeito anterior. Os valores de bom ou mau, certo ou errado, benéfico ou prejudicial não fazem parte da Lei da Causalidade, mas, sim, dos valores humanos de saúde, doença, alegria, tristeza, bem-estar, mal-estar, fortuna, miséria, castigo. Valores restritos ao âmbito do convívio em sociedade, que não alcançam o plano mais amplo da trama de causas e condições. Conceitos sobre os quais floresceram reflexões, o que provocou até o surgimento de uma filosofia do castigo.

Uma das mais antigas discussões filosóficas sobre o andamento regrado da organização social — e o castigo, por conseguinte — está em um dos

Diálogos[72] de Platão (nasc. 428 ou 427 a.C.), intitulado *Protágoras*. O tema central é basicamente se a virtude[73] pode ou não ser ensinada e é desenvolvido ao curso de um diálogo entre um então jovem Sócrates (nasc. 470 ou 469 a.C.), com 35 anos de idade, e Protágoras (nasc. 490 a.C.), um filósofo

---

72 Os **diálogos de Platão** representam a filosofia platônica na sua forma escrita. Ao contrário de seus predecessores pré-socráticos (que escreveram ora em poesia, ora em prosa) e de seu mestre Sócrates (que, deliberadamente, não deixou nenhum escrito), Platão confiou ao diálogo a expressão e transmissão de sua filosofia. O diálogo platônico tem sua origem na dialética socrática e visa reproduzi-la. DIÁLOGOS de Platão. *In:* WIKIPEDIA, a enciclopédia livre. Disponível em: https://pt.wikipedia.org/wiki/ Diálogos_de_Platão Wikipedia. Acesso em: 25 ago. 2021.

73 "'Aretê' (adaptação perfeita, excelência, virtude) é uma palavra de origem grega que expressa o conceito grego de excelência, ligado à noção de cumprimento do propósito ou da função a que o indivíduo se destina. No sentido grego, a virtude coincide com a realização da própria essência, e, portanto, a noção se estende a todos os seres vivos. Segundo Sócrates, a virtude é fazer aquilo que a que cada um se destina. Aquilo que no plano objetivo é a realização da própria essência, no plano subjetivo coincide com a própria felicidade." Nota de Ana da Piedade Elias Pinheiro para sua própria tradução de *Protágoras*. PLATÃO. **Protágoras**. Tradução Ana da Piedade Elias Pinheiro. Lisboa: Relógio d'Agua, 1999. Coleção Humanitas Autores Gregos e Latinos. Adaptada no Brasil por Olga Pombo. Disponível em: www.educ.fc.ul.pt/docentes/opombo/hfe/protagoras/index.htm. Acesso em: 26 ago. 2021.

sofista[74], veterano professor itinerante, que, de tão respeitado, era remunerado por quem desejava sua companhia.

Vamos apreciar um trecho da obra platônica, mas, antes, uma curiosidade: quando esse encontro ocorreu, Platão não era nascido. Tornou-se discípulo de Sócrates na juventude e tinha 28 anos de idade quando teve de presenciar a morte do mestre: Sócrates fora condenado à morte como um herege. Seu método de reflexão é dialético e

> [...] foi o carácter corrosivo e subversivo desse método que conduziu Sócrates à morte. As autoridades políticas de Atenas, no século IV a.C., tal como as autoridades políticas do nosso tempo, não apreciavam nem apreciam o espírito de independência daqueles que, como Sócrates, agem como arreliadores moscardos, sempre prontos a incomodar os poderosos.[75]

---

74 "Na antiga Grécia (séc. V a.C. e séc. IV a.C.), mestre da retórica que tomava a si a tarefa de ensinar conhecimentos gerais, gramática e a arte da eloquência para os cidadãos gregos postulantes à participação ativa na vida política, tendo frequentemente acrescentado questionamentos polêmicos aos debates filosóficos da época". **DICIONÁRIO Houaiss da Língua Portuguesa.** Objetiva, 2009.

75 Introdução de Ana da Piedade Elias Pinheiro para sua própria tradução de *Protágoras*. PLATÃO. **Protágoras.**

Em uma só palavra: castigo.

Voltemos, então, ao diálogo, que é constituído de prólogo, três atos e epílogo. Sócrates é crítico quanto à utilidade da atividade de Protágoras, pois indaga "[...] que matéria é essa em que ele, sofista, é sabedor e torna sabedor o seu discípulo?"[76]. Ao questionar Protágoras pessoalmente, Sócrates o desafia: "Parece-me que falas da arte de gerir a cidade e prometes transformar homens em bons cidadãos?"[77] [...] "[...] não creio que a virtude se possa ensinar. [...] Portanto, se entenderes possível, demonstra-nos de que modo se ensina a virtude"[78].

Protágoras começa respondendo com uma narrativa da criação do ser humano, a partir de quando ainda só existiam os deuses. Estes moldaram os seres mortais no interior da Terra, e aos seres

---

Tradução Ana da Piedade Elias Pinheiro. Lisboa: Relógio d'Agua, 1999. Coleção Humanitas Autores Gregos e Latinos. Adaptada no Brasil por Olga Pombo. Disponível em: blogdephilosophia.files.wordpress.com. Acesso em: 26 ago. 2021.

76 PLATÃO. **Protágoras**. Tradução Ana da Piedade Elias Pinheiro. Lisboa: Relógio d'Agua, 1999. Coleção Humanitas Autores Gregos e Latinos, p. 312e. Adaptada no Brasil por Olga Pombo. Disponível em: blogdephilosophia.files.wordpress.com. Acesso em: 26 ago. 2021.

77 Ibid., 319.

78 Ibid., 320b.

irracionais foram dadas as capacidades que as distinguem para sua sobrevivência. O ser humano, no entanto, ficara esquecido e, às vésperas de ter de ser tirado do interior da Terra, estava "nu, descalço, sem abrigo e sem defesa"[79]. Então, Prometeu roubou "a arte do fogo a Hefesto e as outras artes a Atena, para as dar ao humano, que delas retirou os meios necessários à vida"[80]. Porém, no início, os humanos viviam dispersos e eram facilmente destruídos por feras. Quando passaram a se associar para se proteger, começaram a fundar as cidades. "Só que, ao associar-se, tratavam-se injustamente uns aos outros, já que não possuíam a arte de gerir a cidade. De modo que, novamente dispersos, se iam destruindo."[81]

Sob o risco de ver a espécie humana sumir de vez, Zeus ordenou que fossem levados respeito e justiça à humanidade "para que houvesse na cidade ordem e laços que suscitassem a amizade"[82] e ordenou que

---

[79] Ibid., 321c.
[80] Ibid., 321e.
[81] Ibid., 322b.
[82] Ibid, 322c.

> [...] todos partilhem desses predicados, porque não haverá cidades, se somente uns poucos partilharem deles [...]. Estabelece, pois, em meu nome, uma lei que extermine, como se se tratasse de uma peste para a cidade, todo aquele que não for capaz de partilhar de respeito e de justiça.[83]

Eis o castigo (e castigo extremo: exterminar), advindo da lei — Lei Divina —, posto a exercer "papel central" (Cragg) na organização da sociedade. Por efeito reverso, impõe uma "virtude" do conviver. Nas palavras atribuídas a Protágoras, o raciocínio é aprimorado:

> Com efeito, na medida em que os humanos creem que os defeitos que os outros possuem são obra da natureza ou do acaso, ninguém se irrita, nem repreende, nem ensina, nem castiga aqueles que têm esses defeitos, para que não sejam como são; antes, os lamentam. É possível que haja alguém tão louco que tencione fazer uma coisa dessas com os feios, os baixos ou os fracos? Com efeito, considero que sabem que é por obra da natureza ou do acaso que os humanos desenvolvem essas características, as boas e as más. Mas, na medida em que consideram que os humanos desenvolvem boas qualidades

---

83 Ibid, 322d.

pelo treino, pela prática e pela aprendizagem, se alguém as não possuir e, pelo contrário, possuir os defeitos correspondentes, sobre esses recaem, então, as irritações, os castigos e as repreensões. Um desses defeitos é a injustiça, a impiedade e, em suma, tudo o que é contrário às qualidades políticas. Como, neste caso, qualquer um se irrita e repreende qualquer um, é óbvio que têm essa virtude por adquirida graças ao treino e à aprendizagem. Com efeito, Sócrates, se quiseres ponderar que punir é uma medida eficaz em relação àqueles que praticam injustiças, esse facto provar-te-á que os seres humanos acreditam, realmente, que a virtude pode ser adquirida. Porque ninguém castiga, por praticar injustiças, aqueles que as praticam sem noção do que fazem, a menos que se castigue irracionalmente, como qualquer animal selvagem. Mas, aquele que tenciona punir racionalmente não castiga por causa das acções passadas — porque não vale a pena chorar pelo leite derramado —, mas, como salvaguarda do que poderá acontecer, para que nem esse mesmo, nem outro que tenha presenciado a punição, pratique novas injustiças. Ora, com semelhante modo de pensar, pressupõem, então, que a virtude se pode ensinar — se se entender que, quando se pune, é com vista à correcção. Todos aqueles que aplicam castigos, quer na vida privada, quer na vida comunitária, têm esta mesma opinião. Todos os seres humanos — e os Atenienses, teus concidadãos, não menos que os outros — castigam e punem aqueles que consideram que praticaram acções injustas.[84]

Eis o cerne de uma controvérsia que há séculos divide o campo da filosofia do castigo, no que tange ao caráter das justificativas para castigar. Pensadores dividem-se em duas vertentes, chamadas de punições retributivistas (ou retrospectivas) e prospectivas (ou consequencialistas ou, ainda, utilitaristas), que também são nomeadas como, respectivamente, a via do agente da punição e a via do paciente da punição.

Katarina Peixoto observa que:

> A via do paciente, se assim se pode dizer, para tratar da punição, costuma autorizar suas investigações argumentando que punir implica dor, sofrimento, e que por isso deve ser devidamente — o que quer dizer moralmente — justificada. A via do agente da punição, por sua vez, centra-se, prioritariamente, na função de ver da pena como tal. O sofrimento torna-se, sob este ponto de vista último, *derivado* de um dever inquestionável, que é punir o ato criminoso. Então, parece que

---

84 Ibid., 323d-324c.

para o ponto de vista que investiga a punição a partir da perspectiva do paciente, o sofrimento humano é o que inscreve a punição como um problema filosófico, de modo que a regra que pune deve ser derivada de alguma medida estabelecida a partir dessa possibilidade de sofrimento. Por outro lado, a investigação consternada com o dever parece privilegiar não o sofrimento humano como um problema originariamente relevante. Para estes últimos, o problema da punição é um problema do direito, da vigência do direito, da observância das regras que não devem tolerar algumas condutas violentas, que são portanto descritas como criminosas.[85]

Cragg as explica como sendo a retributivista aquela para a qual "o castigo constitui a justa retribuição para transgressões voluntárias ou intencionais" e a prospectiva aquela para a qual o castigo é "instrumento de reabilitação, tratamento, correção, reforma ou educação moral"[86].

---

85 PEIXOTO, Katarina Ribeiro. **Crime e Castigo na *Filosofia do Direito de Hegel***: um estudo sobre o fundamento da autoridade de punir. 2005. Dissertação (Mestrado) – Programa de Pós-graduação em Filosofia, do Instituto de Filosofia e Ciências Humanas da Universidade Federal do Rio Grande do Sul, Porto Alegre, 2005.

86 CRAGG, Wesley. Castigo. Tradução Lucas Miotto. 4 de dezembro de 2010. ISSN 1749-8457. Disponível em: https://

O retributivismo está nos livros de todas as grandes religiões e influencia todo o arcabouço jurídico ocidental. Nesta visão, leis e juízes imparciais devem assegurar um julgamento justo, que reflita uma punição proporcional ao crime. No entanto, aponta Cragg, há um problema: "Justificar um sistema apropriado de multas ou penalidades"[87]. Isto porque não se sustenta a ideia radical mais popularizada da Lei de Talião, o "olho por olho, dente por dente", pois como seria punir um estuprador, por exemplo, sob essa regra? E, não custa lembrar, Gandhi ironizou que, se fosse assim, a humanidade acabaria cega e desdentada. No entanto, a concepção do filósofo prussiano Immanuel Kant (1724–1804) é a de que: "Somente o direito de retaliação (*ius talionis*) pode oferecer com segurança — nos limites do tribunal, é evidente (não em seu juízo privado) — a qualidade e quantidade da punição [...]"[88]. Em seguida, admite que a diferença entre as

---

criticanarede.com/castigo.html. Acesso em: 13 ago. 2021.
87 Ibidem.
88 KANT, Immanuel. **Metafísica dos Costumes**. Segunda Parte da Doutrina do Direito, Observação Geral, letra E. Tradução Bruno Nadai, Diego Kosbiau e Monique Hulshof. Petrópolis, RJ: Vozes; Bragança Paulista, SP: Universitária São Francisco, 2013. p. 119.

classes pode tornar impraticável o pagar na mesma moeda, porque uma multa, por exemplo, pode ser paga pelo rico, que pode se dar ao luxo de repetir a infração até por prazer. No entanto, para o filósofo, ainda assim a retaliação não é descartável, porque "Ainda que isso não seja possível literalmente, no entanto, ele pode permanecer sempre válido, no que concerne ao efeito, relativamente ao modo de sentir dos mais privilegiados"[89]. E exemplifica com o aristocrata agressor de um cidadão comum — e inocente — que deveria ser condenado tanto à retratação quanto à reclusão "solitária e penosa, pois assim, além do desconforto, também sua vaidade seria dolorosamente atingida e a ofensa, desse modo, seria devidamente paga com a mesma moeda, no caso a vergonha"[90].

Portanto, o conceito de proporcionalidade (punir de acordo com a gravidade do crime) parece mais sensato, porém, como observa Cragg, "não provê orientações que determinem as espécies de castigo que são moralmente justificáveis — pena de morte, por exemplo, ou castigos corporais ou

---
89 Ibidem.
90 Ibidem.

confinamento solitário"[91]. As críticas ao pensamento retributivista, no entanto, vão além, ao acusar esta corrente de não diferenciar as transgressões legais das morais, deixando "pouco espaço para valores importantes, como compaixão, perdão e piedade quando reagem aos criminosos"[92]. E, ainda mais a fundo, o problema maior é que o retributivismo "exige que o culpado seja castigado mesmo quando é claro que nem o criminoso nem a comunidade se beneficiarão diretamente do resultado do castigo"[93], aponta Cragg. Neste contexto é que Kant formula o conceito do caráter de imperativo categórico para a lei penal, rejeitando qualquer busca por benefícios.

Por outro lado, as justificativas prospectivas, ainda em Cragg, "exigem que o castigo seja aplicado somente onde conferir benefícios que superem o sofrimento que impõe"[94]. Kant rebate essas justificativas, porque em sua concepção a

> *pena judicial* (*poena forensis*), que se diferencia da *pena natural* (*poena*

---

[91] CRAGG, op. cit.
[92] Ibidem.
[93] Ibidem.
[94] Ibidem.

> *naturalis*) — porque nesta última o vício castiga a si mesmo e o legislador de modo algum a leva em consideração —, nunca pode servir meramente como meio para fomentar outro bem, seja para o próprio *delinquente*, seja para a sociedade civil, mas, sim, tem de ser infligida contra ele apenas *porque ele cometeu o crime*. [...] Antes que se pense em extrair algum proveito dessa pena, para ele mesmo ou para seus concidadãos, ele tem de ser considerado *punível*.[95]

Benefícios, neste caso, referem-se tanto ao castigado quanto à sociedade, ou seja, que o castigo, de um lado, sirva de correção ou educação moral ao julgado e que, de outro lado, sirva também de prevenção contra o próprio réu ou outros na sociedade repetirem ações criminosas. E Cragg finaliza:

> Duas conclusões emergem dos debates contemporâneos acerca da natureza e papel do castigo numa sociedade democrática moderna. Primeiro, o conceito de castigo é complexo e objeto de contestação. Segundo, a despeito de a teoria moderna do castigo não conseguir prover uma justificação convincente e persuasiva, os instrumentos formais do castigo continuam a ser considerados

---
95 KANT, op. cit., p. 118.

pelos teorizadores e igualmente pelo público como uma componente essencial da sociedade contemporânea.[96]

---

[96] CRAGG, op. cit.

OS RESPONSÁVEIS SOMOS NÓS

Causas e condições proporcionam efeitos. Assim como é.

Entretanto, há mistérios maiores. Já foi comprovado experimental e cientificamente que, em terrenos áridos, mesmo sem fertilizantes, plantas podem se desenvolver se houver afeto humano. Isso surpreende conceitos anteriores sobre a Lei da Causalidade e sua neutralidade emocional? Talvez até mesmo confirmem. A condição do afeto e do cuidado amoroso tornam possível a causa semente se abrir e uma nova vida surgir.

Os povos primitivos sabem disso. Os povos das florestas, das matas, dos rios, das montanhas e das praias sempre souberam da interação do ser humano com as leis da natureza, pois o ser humano é a natureza. As civilizações foram nos distanciando das plantas, do vento, das águas e do ar. Fomos perdendo o contato e nos considerando separados.

Nós nos descuidamos do que nunca deveríamos ter nos descuidado: as leis naturais da vida. Agora, sofremos consequências desse descuido: aquecimento global, pandemias, poluição, depressão e suas consequências. Lamentável.

Entretanto, podemos gerar causas e condições de atenção plena, investigação profunda das necessidades verdadeiras de cada ser e providenciar medidas adequadas para reverter o quadro das faltas cometidas. Sabemos que está havendo uma expansão na compreensão da lei física, através da interferência psíquico-emocional-espiritual afetando as leis da dinâmica da vida. A matéria, aparentemente sem emoções, também se transforma de acordo com nossos sentimentos.

O carinho, o afeto e a ternura podem se tornar condições que propiciem a fertilidade e o crescimento no mundo mineral, animal e vegetal. Ou seja, tudo está vivo no planeta e tudo interage, influenciando-se mutuamente nos conformes da Lei da Origem Dependente, explicada por Buda há mais de dois mil e seiscentos anos, na Índia. Nossos pensamentos, palavras e atitudes são também causas, condições e efeitos na trama da vida. Cada ser humano é responsável pelo mundo em que vive e pela maneira que responde às provocações da vida.

Por isso a importância do autoconhecimento e da ética a fim de fazermos escolhas que criem causas e condições benéficas para o florescer dos sentimentos de amor, cuidado, solidariedade, afeto, que proporcionam vida em abundância. As dificuldades, os sofrimentos e as dores pelas quais passamos tiveram causas e condições para que surgissem, mas também as alegrias, os prazeres e o bem-estar são resultados de causas e condições.

Um efeito prejudicial pode se tornar uma causa benéfica. Um efeito benéfico pode se tornar uma causa prejudicial. Somos responsáveis. Não podemos jogar nossa responsabilidade individual e coletiva a deidades mágicas e poderosas, vingativas ou amorosas, e nem mesmo ao acaso. Há uma lei que rege todas as vidas, e nós, no zen-budismo, a chamamos Lei do Carma ou Lei da Causalidade.

De uma ação (carma) haverá um resultado. Benéfico, neutro ou prejudicial. Um efeito prejudicial pode ser minimizado quando percebemos as causas e condições do seu surgimento e procuramos meios hábeis para evitar o desenrolar de maiores dificuldades. Quando notamos que nossas ações, palavras e pensamentos causaram desagravo, podemos nos arrepender e, com isso, minimizar os resultados da ação originária. Entretanto, arrepender-se não é desculpar-se, pedir perdão a alguém ou a alguma deidade; é comprometer-se com o cuidado atencioso para que não se repita; é assumir a responsabilidade e o compromisso de se autotransformar.

Não é um processo fácil, mas é possível. Exige a prática do autoconhecimento, do reconhecer os três venenos que contaminam a nós, seres humanos, e nos levam a criar carma prejudicial. Esses três venenos são a ganância, a raiva e a ignorância. Uma trindade que se alimenta da falsa percepção de um eu separado. Romper com essa visão é o despertar, é adentrar o estado buda.

INTERSENDO

Tudo o que existe segue a Lei da Causalidade. Causas e condições antecedem efeitos, que podem ser causas ou condições de outras situações. É a grande rede de interconexões. O monge vietnamita Thich Nhat Hanh[97] criou até uma palavra e sugere que a tenhamos nos dicionários: *interser*.

Em vez de dizer "eu sou, tu és, ele é", deveríamos dizer "eu intersou, tu interés, ele interé". Todos interligados, intersendo com tudo o que existe. Nossa vida é o resultado de todas as vidas anteriores a esta e antecede as vidas após esta. Deixamos marcas, rastros — alguns até mesmo invisíveis — de nossa passagem. Que carmas estamos produzindo?

Observe em profundidade, investigue intimamente. Como num tabuleiro de xadrez, perceba

---

[97] HANH, Thich Nhat. **A Essência dos Ensinamentos de Buda**. Rio de Janeiro: Rocco, 2001.

que cada movimento gera outros movimentos. Desenvolva a capacidade do observar de longo alcance, do observar de sabedoria, de compaixão, de misericórdia. Como? Procurando no seu mais íntimo, através de práticas meditativas profundas e acompanhadas por pessoas que sejam devidamente capacitadas a orientar o processo de autoconhecimento e o desvendar da mente desperta. Leia, estude, participe de grupos em que a investigação dos fenômenos esteja ocorrendo. Alimente seu cérebro para que funcione de forma excelente, aumentando seu potencial criativo e perceptivo.

"A procura é o encontro e o encontro é a procura." Frase antiga de um bispo católico argentino. Reflexão importante. Perceba. Quando iniciamos a procura é porque já encontramos uma senda. Quando adentramos as profundezas desse encontro, percebemos que a procura é infinita. A vida é um processo de transformação incessante. Não somos mais o que fomos e não seremos amanhã o que somos agora.

Também é assim com o planeta Terra e todo o Cosmos. Os cientistas dizem que coexistimos. Disto surge aquilo, daquilo surge isto, e assim por diante. Seguindo valores humanos, o carma pode ser: benéfico, prejudicial ou neutro. E há carma individual, pessoal, e carma coletivo, de todos.

As consequências do carma podem acontecer em três períodos de tempo: imediato, no presente, no futuro ou no futuro distante. Mas sempre se manifestará. Não há apagador para o carma. Uma palavra lançada, um gesto ou um pensamento causarão um resultado agradável, desagradável ou neutro. Não será um prêmio nem um castigo. Como um bumerangue, já vimos. Com a força que foi lançado, será o seu retorno. Entretanto, o arrependimento pode abrandar seus resultados. Arrependimento como transformação pessoal, com o compromisso de não repetir a falta.

Há uma história antiga, da época de Xaquiamuni Buda, que narra uma traição de Devadatta, primo de Sidarta Gautama. Quando Sidarta se tornou Buda, Devadatta converteu-se em um de seus discípulos monges. Entretanto, devido à sua imaturidade, sentia inveja de Buda e queria destruí-lo para tomar o seu lugar na liderança da comunidade. Certa ocasião, então, discursou para um grupo grande de seguidores, dizendo que Buda estava velho e enfraquecido, que já não era um grande mestre e que as pessoas deveriam segui-lo, ele, Devadatta. Sua fala era coerente e convincente, e alguns discípulos de Buda seguiram Devadatta para formar outra comunidade, na mesma floresta. Os discípulos mais antigos, preocupados, foram pedir orientação ao mestre. Buda respondeu que apenas deixassem e, se quisessem ir, que fossem.

Pouco tempo depois, um dos principais discípulos pediu a Buda permissão para passar uma temporada no grupo de Devadatta. Buda, como sempre, concordou, e Devadatta ficou muito feliz ao receber um novo adepto. Afinal, até mesmo o discípulo mais fiel a Buda havia percebido que ele, Devadatta, era o verdadeiro líder da sanga. Passadas algumas semanas, Devadatta, querendo impressionar sua comunidade, pediu ao monge que desse uma aula, fizesse uma palestra do Darma. Pois, durante a palestra, o monge acabou por convencer os ouvintes de que estavam enganados, que Devadatta não era um líder correto e que o verdadeiro Buda os esperava do outro lado do rio.

Devadatta ficou furioso, mas não pôde impedir que muitos se afastassem e voltassem a Xaquiamuni. Contam também que, em um acesso de raiva, ele teria matado uma monja que se negava a reconhecê-lo como um Buda. Em outra ocasião, sabendo que Buda iria passar por um desfiladeiro, escondeu-se no topo de um morro e, ao vê-lo se aproximando, atirou uma grande pedra em sua direção. Entretanto, a pedra caiu na frente de Buda e não sobre ele, embora um fragmento tenha atingido o pé de Buda, fazendo um pequeno corte.

Esses três atos — dividir uma comunidade de praticantes, matar uma religiosa e ferir fisicamente um líder — são chamados *parajika*, ou seja, atos graves que impedem a pessoa de atingir o despertar, ofensas que não são desculpáveis ou perdoáveis. Na explicação de Buda, é como se uma agulha perdesse o fundo e não pudesse mais reter a linha para fazer uma costura. Assim, pessoas que cometessem ofensas *parajika* não seriam mais capazes de obter a sabedoria e percorrer o Caminho de Buda.

Devadatta havia cometido três ofensas *parajika*. Dizem que, devido a essas faltas graves, surgiu para Devadatta, no momento de sua morte, um mundo de grande sofrimento. Entretanto, antes de dar o último suspiro, ele balbuciou: "Namu Xaquiamuni Bu..."[98], ou seja, invocou seu primo, reconhecendo sua jornada sagrada, arrependendo-se e voltando a ser seu discípulo. Por haver se arrependido, por haver retornado a Buda, imediatamente, o mundo de sofrimento se transformou em um outro universo intermediário.

Aqui surge uma questão bem interessante a ser colocada. Se no budismo não há uma alma eterna, se nada é fixo ou permanente, como podem surgir

---

[98] Significa "Eu me dedico a...".

mundos de sofrimento intermediários ou de conforto, no momento da morte? O que estaria entrando nesses mundos? E por quanto tempo?

MAIS CEDO OU MAIS TARDE

Provavelmente, foi o próprio Buda que incluiu os conceitos hindus antigos de renascimento e carma em seus ensinamentos. Ambos têm um papel muito significativo em todas as formas de Budismo. A convicção indiana antiga era que todos os seres, levados pela ignorância e desejo, neste mundo, estão sujeitos ao ciclo de renascimento. O estado da existência, em qualquer plano, é marcado por *dukkha* (dor, insatisfação). Como consequência dessa conexão entre a ideia do ciclo de renascimento e a Primeira Verdade Nobre, nos textos budistas, a libertação da dor é sempre retratada como escape do ciclo de renascimento.

A escapatória é efetiva através da destruição ou extinção do desejo. Desejo está ligado ao nosso apego de identidade ao ego empírico. Assim, a doutrina do não eu emerge. Sem a supressão da ganância, ansiosamente apegados ao ego, não há libertação do ciclo de renascimento. Ou seja, todos estão submetidos à lei do carma, à retribuição de ações realizadas neste mundo de vir a ser.

A conexão entre carma e renascimento com o ensinamento do não eu cria uma dificuldade lógica, pois nega a existência contínua de qualquer eu empírico, enquanto a continuação do renascimento e a operação do carma parecem requerer tal eu.[99]

Heinrich Dumoulin, um dos maiores acadêmicos em assuntos budistas, autor de diversos livros sobre budismo e zen-budismo, também observa:

> Ao acessar os conceitos de renascimento e carma devemos notar que, em suas origens, essas noções não são especificamente budistas, mas pertencem à cultura espiritual da Índia anterior ao budismo e seu principal canal de disseminação tem sido, desde sempre, a religiosidade folclórica popular.[100]

Padre jesuíta, de nacionalidade alemã e já PhD, Dumoulin foi pós-graduar-se em História da Religião Japonesa na Universidade de Tóquio e de lá não mais saiu, tornando-se professor de

---

[99] KENNETT, Roshi Jiyu. **Zen is Eternal Life**. California: Dharma Publishing, 1976.
[100] DUMOULIN, Heinrich. **Understanding Buddhism**: Key Themes. New York; Tokyo: Weatherhill, 1994.

Filosofia e História da Religião. Segundo o professor Dumoulin, as várias propostas para compreender o não eu e a teoria do renascimento são muito ingênuas e dão bastante espaço para lendas a respeito da retribuição cármica e dos renascimentos maravilhosos. Estudiosos budistas japoneses vêm trabalhando há anos para desmitificar as lendas de resultados cármicos, quer sejam benéficos, neutros ou prejudiciais, sem negar a Lei da Causalidade.

Buda disse: "Se você quer conhecer a causa passada, olhe para seu efeito presente. Se você quiser conhecer o efeito futuro, olhe para sua causa presente". No presente, estamos colhendo o efeito da causa que semeamos. Nossa situação, boa ou má, é criada por nós mesmos e não é responsabilidade nem de nossos pais nem da sociedade. Os efeitos de nossos pensamentos, expressões e ações diárias não desaparecem, mas devem ser colhidos por nós mesmos, mais cedo ou mais tarde.

Esta é a visão budista de causa e efeito: a consequência natural de nossas ações. Chama-se Lei da Causalidade. *Karma* é ação; *vipaka* é reação — ou seja, causa e efeito. Uma lei em si mesma, que não precisa de um legislador, independe de um agenciador governando e opera em seu próprio campo sem a intervenção de nada externo. Inerente em si mesma, é a potencialidade de produzir o efeito correspondente. O efeito já desabrocha em sua causa.

Carma, bom ou mau, é causado pelo desconhecimento do *é assim como é*, e ignorância e apego são suas causas principais. Nenhum fazedor está realizando a ação nem está lá quem recebe o fruto da ação. Isto pode ser entendido claramente após profunda e verdadeira meditação.

DOJIDO NO INGA: causa e feito ao *mesmo tempo*. Por exemplo, quando nos machucamos, a dor é imediata.

IJI NO INGA: causa e efeito em *tempos diferentes*. Depois de algum tempo de haver se machucado, pode surgir uma infecção mais grave ou ficar uma cicatriz.

Dentro da Causalidade está a Lei da Causa Menor e Efeito Maior: quanto maior o lapso de tempo entre a causa e o efeito, maior será o efeito. Yasutani Roshi, mestre Zen que muito influenciou o zen-budismo para ocidentais, exemplifica por meio da analogia com dinheiro aplicado no banco ou com alguma dívida — os juros seguem aumentando sempre, quanto mais tempo ficar na conta ou quanto mais tempo demorar a pagar a dívida.

A pessoa sábia é capaz de ser discreta sobre suas boas ações e sempre hábil em confessar seus erros e faltas.

CARMA COLETIVO E CARMA INDIVIDUAL

Difícil separar o coletivo do individual, quando tudo está entrelaçado. O carma é sutil e complexo. Não é tão simples como possamos imaginar. Pandemia — carma coletivo; resfriado ou morte — carma individual. O carma individual afeta o coletivo e vice-versa. Geralmente, uma causa criada por nós terá efeito sobre nós, mas também pode haver o seguinte: causa criada por nós e efeito nos outros ou causa criada por outros e efeito sobre nós. Cedo ou tarde, colheremos o resultado das sementes semeadas, seja pelo carma fixo ou pelo carma não fixo.

O carma fixo é resultado de ações anteriores, fixo desde que nascemos e imutável até a morte. O carma não fixo pode ser mudado através do esforço (saúde, duração da vida, riqueza, pobreza). Portanto, não se pode falar em fatalismo, pois a relação entre causa e efeito é dinâmica. O efeito muda constantemente com as circunstâncias. Também não se considere niilista ou pessimista o budismo, porque nele não há conceito de destino ou predestinação.

O budismo ensina o grande movimento universal de causa e efeito e como integrar nosso comportamento pessoal a este movimento. Buda ensinou: "Mesmo se vivermos centenas de milhares de milhões de éons de tempo, o carma não desaparece. Quando a causa se une ao *En* (condição), surge o efeito". Efeito é uma coisa; aceitar o efeito é outra. Chama-se *Ho*. Aceitar a situação é poder transformá-la. Os livros do professor Hermógenes foram lidos por um detento, que passou a praticar yoga e se modificou. Sua cela virou um *ashram*, um templo. Passou a servir os outros detentos. Nunca mais foi violento ou agressivo e só usava palavras gentis. Uma grande transformação.

Há um trabalho importante também de grupos evangélicos nas casas de detenção do Brasil. Pela leitura da Bíblia, do Evangelho, em voz alta, acalmam suas fúrias internas. Passam a se vestir com roupas limpas e passadas, levam o livro sagrado consigo e se transformam. São respeitados pelos outros detentos e vivem em alas separadas. Isto permite mudanças que, se no início eram superficiais, podem se tornar profundas, recuperar um ser humano da violência e do crime e levá-lo ao arrependimento e à transformação.

ASSIM COMO É

Mestre Dogen disse:

> Na mente humana, o bem e o mal surgem de acordo com as circunstâncias. Por exemplo, quando você tem o pensamento do despertar e adentra a floresta, você considera que a vida na floresta é boa e que a vida secular é má. Por outro lado, quando você vai embora da floresta devido ao seu desencorajamento, você a vê como má.

Isto quer dizer que a mente não tem abóboda fixa e se torna boa ou má dependendo das circunstâncias. Assim, a mente se torna boa quando encontra boas condições. No entanto, não pense que a mente é inerentemente má.

"Abandone o inferior e adote o superior", nos ensinamentos de Mestre Dogen, significa, inclusive, abandonar todo e qualquer sentimento mundano e procurar a excelência espiritual. "No processo de aprendizado da suprema iluminação, ouvir os ensinamentos, praticar o Caminho, obter os frutos do despertar são profundos e maravilhosos. Ouvimos sobre esta iluminação suprema através de bons mestres e através dos sutras. Assim, primeiramente, não fazer o mal é ouvido. Se não for ouvido, não há o correto Buda Darma, mas o ensinamento de um demônio".

Você deve saber que o que é ouvido como "não fazer o mal ou não cometer nenhum mal" é precisamente o correto Darma Budista. Este "não cometer qualquer mal" não é algo com que uma pessoa mundana comum, de boa vontade, se comprometa. Ao contrário, quando você ouve e ensina sabedoria, esta é sua concreta expressão e, sendo assim, é naturalmente apreendida.

É ouvir assim como é, pois esta é a expressão da suprema sabedoria. É a palavra da iluminação, do despertar — é o despertar da palavra. A sabedoria suprema se expressa, é ouvida, e, por isso, a pessoa é movida a não cometer nenhum mal e a viver o não cometer nenhum mal. Quando qualquer mal não for mais cometido, o poder da disciplina espiritual é logo realizado, e esta realização é obtida com toda a Terra, com o mundo todo, em todos os tempos e todos os darmas como seus limites. Seus limites são "não cometer".

"Além de todo e qualquer dualismo, a mente desperta é a mente de não cometer o mal."

Nós, seres humanos, somos frágeis, caímos em ambiguidades e ficamos amarrados pelo nosso carma. Entretanto, é possível encontrar a liberdade e a pureza absoluta no *samadhi* autogerado.

Vivemos a Lei da Causalidade, e a confissão com subsequente arrependimento é parte essencial do despertar, não um pré-requisito. Um ser humano que penetre o *assim como é*, ou seja, autenticamente desperto, pode viver, ir e vir de um local que conduziria ao mal ou encontrar circunstâncias que levariam ao mal ou se associar com aqueles que cometem atos maus, entretanto, o ser desperto não mais os comete. O poder eficaz de não cometer se desdobra e o mal perde seu caráter de mal e fica privado de suas táticas usuais.

"O bem e o mal, a causa e o efeito são realizados na prática do Caminho. Causa e efeito não mudam e nem podem ser inventados. Devido à causalidade, praticamos o Caminho", disse Mestre Dogen.

O aspecto original de tal causalidade já ficou claro, precisamente porque é o não cometer, não nascer, a impermanência, o não obstruir, não criar nem abandonar. Quando consideramos o assunto desta maneira, percebemos que qualquer mal tem sido consistentemente não cometido. Auxiliados por tal percepção, aprendemos a não cometer qualquer mal completamente e o cortamos. Qualquer mal não criado o é por causas diretas ou indiretas, é apenas o não cometer. Nenhum mal é extinto por condições diretas ou indiretas, mas apenas por não cometê-lo. Se qualquer mal for não dual, infinitos darmas também serão não duais. Devemos nos apiedar de quem saiba que os males são produzidos por várias causas, mas falhe em ver que essas causas são, em si mesmas, não cometer.

Desde que a semente do estado Buda cresce de acordo com as condições, condições surgem de acordo com as sementes do estado Buda. Qualquer mal não é não existente nem existente. Não é o vazio nem a forma. Não é um compromisso nem um mandatório. O pinheiro na primavera não é nem deixa de ser. O crisântemo no outono não é existência nem não existência. Assim, budas não são seres ou não seres; apenas não cometem. Esta é a realização de um *koan*[101], o *koan* que se autorrea-

---

101 *Koans* são importantes no zen-budismo, com o intuito de provocar reflexão sobre aspectos muito além da razão e, assim, proporcionar estímulos à iluminação do praticante zen, que, ao se envolver com todas as suas sutilezas, torna-se ele mesmo *koan*.

liza, examinado do ponto de vista do sujeito e do predicado simultaneamente.

Quando a moralidade, os preceitos e a vida ética se tornam sem esforço, sem propósito e suavemente, surge a moralidade não moral, que é o topo da prática do caminho Zen, na qual moral, arte e leveza emergem juntas. O nível mais alto da moralidade é a fidelidade ao *assim como é*.

A vida monástica não é a reunião de um grupo de indivíduos isolados, mas um grupo de flores do vazio. Educação monástica é para auxiliar uns aos outros a perceber a raiz comum no vazio. Não é fácil e depende do despertar da mente à procura de Buda e de criar uma comunhão espiritual com todos os budas. É preciso desejar, querer, procurar o despertar e se disponibilizar a servir a todos os seres. Isto inclui afastar-se de sentimentos pessoais e familiares, valores mundanos sobre bondade, caridade e ser politicamente correto, mas procurando meios hábeis para que todos possam despertar. Esta é a maior de todas as doações possíveis.

A condição iluminada ou desperta não é inata nem adquirida. Não pode ser dada por alguém, mas pode ser cultivada, apreendida e autenticada por uma mestra ou um mestre, pelos ensinamentos dos sutras e das práticas e a partir de uma multiplicidade de condições. O sentimento religioso é adquirido pessoalmente e socialmente — através de condições favoráveis e pela transformação de condições não favoráveis em oportunidades de treinamento. Mas é preciso sentir a comunhão espiritual, a ressonância cósmica com todos os budas. Mestre Dogen diz que:

> Causa não é anterior e o efeito posterior. A causa é perfeita e o efeito é perfeito. A causa é não dual, o efeito é não dual, o Darma é não dual. Embora o efeito possa ser ocasionalmente manifesto pela causa, não há um antes e um depois, pois o antes e o depois são não duais no Caminho.

Grande disciplina espiritual não é nada mais do que a grande lei de causa e efeito. Esta causalidade consiste, sem falta, na causa realizada e no efeito realizado. Liberdade espiritual é concomitante a um compromisso moral.

CONCLUÍMOS

Nossa vontade, ou ego, é o que produz o carma e o sentimento é o que recebe o fruto cármico. Separado desses estados mentais, não há ninguém para plantar ou para colher. Carma não fica guardado em algum lugar na consciência ou no corpo. Sendo independente da mente e da matéria, se automanifesta no momento oportuno e é uma força individual, que é transmitida de uma existência para outra.

Sem fatalismo nem predestinação, sequer como castigo. Nunca pense em fatalismo ou castigo, porque este é uma invenção mental terrena. O carma é a dinâmica de tudo (inclusive do castigo), que foi uma descoberta, deu-se a partir de profunda investigação metafísica — evoluída ao longo de séculos —, da qual brotou uma doutrina, que permitiu outra descoberta: a de que também se pode dar rumo ao curso do carma. Não se pode dirigir o castigo que se recebe, não existe uma doutrina do castigo, mas uma filosofia a respeito das controvérsias para justificativas de castigar, quem castigar e como. Então, não há qualquer relação entre carma e castigo que não seja este contido naquele, jamais com grandeza paralela. É verdade que as pessoas vêm ao mundo já sob estas duas "sinas" na vida — carma e castigo —, mas o carma é dado pela Lei da Causalidade (abarcando o que é, o que foi e o que será), enquanto o castigo é só das leis dos seres humanos (que, afinal, também são geradoras de carma).

As leis são tão diferentes quanto as culturas no planeta. Como jamais haverá uma cultura absoluta na Terra, jamais haverá uma única religião universal. O curioso, por isso mesmo, é que em lugares tão distantes uns dos outros, em faces às vezes opostas do planeta, em épocas sem qualquer possibilidade de contato uns com os outros, possam ter sido concebidos conceitos e ideias religiosas tão afins. São todas facetas multicoloridas deste mesmo diamante bruto que é a vida.

Entretanto, nem tudo se deve ao carma, caso contrário, uma pessoa sempre seria má se fosse seu carma ser má. Fenômenos das estações, a ordem dos frutos e das sementes, a teoria das células e dos genes, a ordem da ação e seu resultado, fenômenos naturais como a gravitação e outras leis semelhantes da natureza, a ordem da mente e a lei psíquica — tais como os processos de consciência —, o surgir e o perecer da consciência são leis nelas mesmas. Carma, que é a terceira dessas cinco leis universais, contribui com as outras quatro para a diversidade do mundo.

Carma pode dar esperança, autoconfiança, consolo e coragem a um budista. Ensina responsabilidade individual e explica a questão do sofrimento, o mistério do chamado destino e da predestinação de outras religiões e, acima de tudo, a razão das desigualdades na espécie humana.

Entretanto, é preciso cuidado nesse aspecto, caso contrário, se torna um conceito discriminatório e fatalista. Por exemplo, dizer que nasceu em uma determinada circunstância, como resultado de carma anterior e que, logo, deve se conformar e não procurar alterar a situação atual. Da mesma maneira, as interpretações errôneas de carma podem manter o racismo estrutural nas sociedades atuais, como sendo resultado de carma anterior.

Não podemos aceitar exclusões sociais, abusos de qualquer forma, usando falsamente interpretações errôneas da Lei do Carma, da Causalidade.

Podemos e devemos transformar a realidade através de nossas presença, fala e ações e nossos pensamentos. Tanto individuais como coletivos, através de leis humanas e políticas públicas para a inclusão e o respeito a todos os seres e todas as formas de vida.

Entretanto, apenas as leis, as políticas públicas nunca serão suficientes per si, a menos que cada ser humano desperte. Cada um de nós é responsável pela realidade na qual estamos inseridos. Resultado de inúmeros milhões de anos, resultado de todo o nosso passado, que se manifesta no presente e este que gera o futuro.

Que futuro estamos gerando? Depende diretamente do carma que produzimos no agora. Que saibamos produzir carma buda, para que todos os seres possam despertar e viver em harmonia e respeito. Que haja suficiência para todos, em todos os países, e que todos possamos nos tornar o Caminho Iluminado.

Vamos terminar com este ensinamento:

> Para ir de mortal a buda, você tem que dar um fim ao carma, nutrir sua atenção e aceitar aquilo que a vida traz. Assim que um mortal vê sua natureza, todos os apegos se acabam.
> Assim que você der um fim ao carma e nutrir sua atenção, quaisquer apegos restantes chegarão ao fim. O entendimento vem naturalmente.
> Budas do passado e do futuro só falam em ver sua natureza. O bom e o mau

são diferentes. Causa e efeito são claros. Céu e inferno estão bem à frente de seus olhos... O que os impede de acreditar é o peso de seu carma. Por causa do peso de seus carmas, esses tolos não podem crer e não podem se libertar.
Eu me refiro apenas a ver sua natureza. O seu corpo real é puro e não pode ser corrompido. Eu me refiro apenas a ver sua natureza. Não falo sobre criação de carma.[102]

---

[102] **O ENSINAMENTO ZEN DE BODIDARMA**. São Francisco de Paula: Bodigaya, 2018.

REFERÊNCIAS

AUTOCASTIGO. Disponível em: https://budismo.com.br/2017/05/24/autocastigo/. Acesso em: 20 ago. 2021.

CASTIGO CORPORAL. *In:* WIKIPÉDIA, a enciclopédia livre. Disponível em: https://pt.wikipedia.org/wiki/Castigo_corporal. Acesso em: 16 ago. 2021.

COEN, Monja; CRUZ, Nilo. **Zen para distraídos**. São Paulo: Planeta do Brasil, 2017.

CRAGG, Wesley. Castigo. Tradução de Lucas Miotto. 4 de dezembro de 2010. ISSN 1749-8457. Disponível em: https://criticanarede.com/castigo.html. Acesso em: 13 ago. 2021.

DIÁLOGOS de Platão. *In:* WIKIPEDIA, a enciclopédia livre. Disponível em: https://pt.wikipedia.

org/wiki/ Diálogos_de_Platão Wikipedia. Acesso em: 25 ago. 2021.

DICIONÁRIO HOUAISS DA LÍNGUA PORTUGUESA. Objetiva, 2009.

DUMOULIN, Heinrich. **Understanding Buddhism**: Key Themes. New York; Tokyo: Weatherhill, 1994.

DUMOULIN, Heinrich. **Zen Buddhism**: A history. New York: Macmillan Publishing; London: Collier Macmillan Publishers, 1988.

DUMOULIN, Heinrich. **Zen Buddhism in the 20th century.** New York, Tokyo: Weatherhill, 1992.

ELIADE, Mircea. **História das Crenças e Ideias Religiosas.** Livro I. Tradução Roberto Cortês de Lacerda. Rio de Janeiro: Zahar, 2010.

GONÇALVES, Ricardo Mário (org.). **Textos Budistas e Zen-Budistas.** São Paulo: Cultrix, 1976.

HANH, Thich Nhat. **A Essência dos Ensinamentos de Buda.** Rio de Janeiro: Rocco, 2001.

HELLERN, Victor; NOTAKER, Henry; GAARDER, Jostein. **O Livro das Religiões**. Tradução Isa Mara Lando. 9. imp. São Paulo: Companhia das Letras, 2001.

KAK, Subhash. **The Hindu Temple Is a Representation of the Cosmos and the Mystery of Time**. 2016. Disponível em: swarajyamaga.com. Acesso em: 2 set. 2021.

KANT, Immanuel. **Metafísica dos Costumes**. Segunda Parte da Doutrina do Direito, Observação Geral, letra E. Tradução Bruno Nadai; Diego Kosbiau e Monique Hulshof. Petrópolis, RJ: Vozes; Bragança Paulista, SP: Universitária São Francisco, 2013.

KARDEC, Allan. **O Céu e o Inferno**. Tradução Manoel Quintão. 61. ed., 6. imp. (Edição Histórica). Brasília: FEB, 2018.

KARDEC, Allan. **O Livro dos Espíritos**. Tradução Guillon Ribeiro. 83. ed. Brasília: FEB, 2002.

KARDEC, Allan. **O que é o Espiritismo**. Tradução Evandro Noleto Bezerra. 2. ed. 1ª. imp. Brasília: FEB, 2013.

KENNETT, Roshi Jiyu. **Zen is Eternal Life**. California: Dharma Publishing, 1976.

KIM, Hee-Jin. **Dōgen Kigen**: Mystical Realist. The University of Arizona Press, 1980.

KNAPP, Stephen. **The Purusha Sukta**. Disponível em: stephen-knapp.com. Acesso em: 2 set. 2021.

KRISHNAN, Kiron. **Vedā**: Puruṣa Śuktam. 2016. Disponível em: sanatanadhara.com. Acesso em: 2 set. 2021.

LAFLEUR, William R. **The Karma of Words**: Buddhism and the literary arts in medieval Japan. Monograph. Berkeley: University of California Press, 1983.

LAMA, Dalai. **A Essência do Sutra do Coração**. 1ª ed. São Paulo: Gaia, 2006.

MIZUNO, Kogen. **Essentials of Buddhism**. Tokyo: Kosei Publishing Co., 1996.

MIZUNO, Kogen; GAGE, Richard L. **The beginnings of Buddhism**. Tokyo: Kosei Publishing Co., 1980.

MOURA, Marta Antunes de Oliveira (Org.). **Estudo aprofundado da Doutrina Espírita**: Livro V. Filosofia e Ciência espíritas. 1ª. ed., 1ª. imp. Brasília: FEB, 2013.

NERY, Jorge Godinho Barreto. Jorge Godinho Barreto Nery: entrevista [mai. 2021]. Entrevistadores: Monja Coen e Nilo Cruz. Brasília, 2021. E-mail.

NIETZSCHE, Friederich. **Humano, Demasiado Humano**: Um livro para espíritos livres. Tradução Paulo César Lima de Souza. Companhia das Letras, 2008. Vol. 2.

NISHIJIMA, Gudo. **Shobogenzo**. Tokyo: Windbell Publications, 1997.

NISHIYAMA, Kôsen. **Shobogenzo**. Sendai: Daihokaikaku Publishing Co., 1975.

O DHAMMAPADA: O Nobre Caminho do Darma do Buda. Tradução Enio Burgos. Bodigaya, 2010.

O ENSINAMENTO ZEN DE BODIDARMA. São Francisco de Paula: Bodigaya, 2018.

PEIXOTO, Katarina Ribeiro. **Crime e Castigo na *Filosofia do Direito* de Hegel**: um estudo sobre o fundamento da autoridade de punir.

2005. Dissertação (Mestrado) – Programa de Pós-graduação em Filosofia, do Instituto de Filosofia e Ciências Humanas da Universidade Federal do Rio Grande do Sul, Porto Alegre, 2005.

PLATÃO. *Protágoras*. Tradução Ana da Piedade Elias Pinheiro. Lisboa: Relógio d'Agua, 1999. Coleção Humanitas Autores Gregos e Latinos. Adaptada no Brasil por Olga Pombo. Disponível em: www.educ.fc.ul.pt/docentes/opombo/hfe/protagoras/index.htm. Acesso em: 26 ago. 2021.

SPITZ, Rabino Elie Kaplan. **A alma sobrevive?** Uma jornada judaica sobre a crença na vida após a morte, vidas passadas e vivendo com propósito. São Paulo: Comunidade Shalom, 2019. Tevet 5779.

TANAHASHI, Kazuaki. **Moon in a Dewdrop**: Writings of Zen Master Dōgen. San Francisco: North point Press, 1985.

TULL, Herman W. **The Vedic Origins of Karma**: Cosmos as Man in Ancient Indian Myth and Ritual (As Origens Védicas do Carma: O Cosmo como o Homem no Antigo Mito e Ritual Indianos, em tradução livre, ainda sem edição no Brasil). Albany: Suny Press, 1989.

XAVIER, Francisco Cândido. **Pão nosso**. Pelo Espírito Emmanuel. 29. ed. Rio de Janeiro: FEB, 2008.

YOKOI, Yuho. **Zen Master Dōgen**. New York, Tokyo: Weatherhill, 1986.

YASUTANI, Hakuun. **Oito Aspectos no Budismo**. São Paulo: Comunidade Zen Budista Zendo Brasil, 2014.

ZAZEN: a prática essencial do zen. São Paulo: Comunidade Zen Budista Zendo Brasil, 2011.

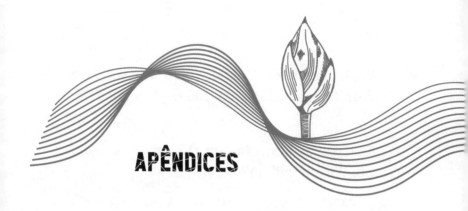

APÊNDICES

Os três primeiros textos abaixo ("Os quatro dianas", "Quatro concentrações da não forma" e "Carma, obstáculos e superação") foram baseados em *Essentials of Buddhism*[103] de Kogen Mizuno.

Os quatro dianas

A palavra Diana ou *Jhana*, em páli, significa meditar. Os chineses, por onomatopeia, escolheram um caractere chinês (kanji) para *Jhana* ou *Ch'an*

---

103 MIZUNO, Kogen. **Essentials of Buddhism**. Tokyo: Kosei Publishing Co., 1996. Kogen Mizuno (1901–2006) foi reitor da Universidade de Komazawa, em Tóquio, onde deu aulas de Budologia. Considerado uma das principais autoridades sobre o Budismo Inicial, Filosofia Indiana e em textos páli — linguagem litúrgica hindu-ariana nativa do subcontinente indiano, linguagem sagrada do budismo do sul da Ásia (Tradição Hinayaya, hoje Theravada).

(som mais próximo, em chinês, de Diana ou *Jhana*). O caractere *Ch'an* é lido em japonês como ZEN.

Segundo textos antigos, há quatro níveis de meditação ou Zen:

1. praticante livre de desejos sensuais; livre dos estados mentais malévolos e criminosos, mas ainda com pensamento discursivo e investigação. Este está no primeiro estado Zen, que surge da reclusão e é caracterizado por deleite e prazer;

2. com a cessação do pensamento discursivo e da investigação, o praticante concentra a mente em um ponto, obtém e vive no segundo estado Zen — que surge da concentração e está associado com deleite e prazer, sem a presença do pensamento discursivo e investigação;

3. com a renúncia ao deleite, o praticante vive em equanimidade, plena atenção e autocontrole; capaz de viver e se manter em equanimidade, plena atenção e prazer, obtém o terceiro Zen;

4. com o abandono do prazer e da dor e através do desaparecimento anterior do deleite e da lamentação, o praticante obtém

o quarto estado Zen, que não é nem doloroso nem prazeroso e que, devido à equanimidade da plena atenção, é completamente puro.

Concentração significa aquietar as oscilações da mente e ter foco. Há vários níveis de quietude mental. Os quatro dianas ou quatro estados de meditação Zen são a concentração fundamental no mundo da forma. No nível sem forma, a mente é mais aquietada, chegando ao estado em que o pensamento cessa.

O budismo enuncia três mundos: do desejo e da forma, da forma sem desejo e da não forma. O mundo do desejo e da forma é o que conhecemos com mais intimidade, talvez. Temos uma forma física e desejos volitivos — alguns da própria natureza de sustentação da vida e outros de apegos ou aversões.

Mundo da forma com a cessação dos desejos sensuais é quando surgem os quatro níveis mencionados acima. Estados Zen, de meditação ou os quatro dianas. Cessação de desejos sensuais significa cessação de obter prazer através dos órgãos dos sentidos.

Mundo sem forma é o universo espiritual, sem preocupações com o corpo nem com a mente.

Condição de calma profunda, puro espírito. Concentração pura no estado além da forma.

O professor Mizuno assim explica:

> De acordo com a doutrina de retribuição cármica, violar os dez bons preceitos por um habitante do nível do desejo resulta no renascimento em um dos níveis indesejáveis: inferno, espíritos famintos, animais. Um habitante do mundo do desejo que faz o bem, como manter os preceitos ou fazer doações, renascerá nos níveis desejáveis — seres celestiais ou humanos.
>
> Aqueles que ainda têm máculas e praticam a concentração no nível da forma renascerão em um dos céus dos quatro dianas, enquanto aqueles que ainda têm máculas e praticam a concentração no nível sem forma renascerão em um dos céus do nível sem forma.
>
> Originalmente, os níveis de desejo, de forma e sem forma, eram estados mentais das pessoas deste mundo. O conceito de níveis físicos de retribuição vieram mais tarde. Os três níveis pertencem ao mundo de delusão, ou seja, mundo de nascimento e morte.
>
> Quem se liberta da delusão e passa pelos três níveis adentra o supramundano livre de máculas. Este plano de iluminação não é um mundo discreto fora dos três níveis, mas um estado mental. Nem o mundo dos três níveis nem o supramundano é físico — são estados

mentais distintos pelo nível de delusão ou iluminação.

A Escola Tendai, que significa literalmente Plataforma Celestial (nome da montanha, na China, onde vivia o monge Zhi'yi [chinês] ou Chi'gi [japonês], fundador da ordem no século VI), enunciava dez mundos ou dez níveis de existência: inferno, espíritos famintos, animais, *asuras* (guerreiros), seres humanos, seres celestiais, *sravakas* (ouvintes dos ensinamentos), *pratyekabudas* (autodidatas), *bodisatvas* e budas (seres que despertaram e fazem o voto de despertar todos).

"Assim como os três mundos, estes aspectos se referem a estados mentais. Dentro da realidade da mente, cada nível tem o potencial de conter os outros níveis — eis a doutrina da interpenetração dos dez mundos."

Quatro concentrações da não forma

Quando a mente alcança a calma dos quatro dianas, está pronta para entrar nas concentrações sem forma, em que não há mais consciência do mundo material — quer seja do corpo ou do que o cerca.

Samadhi do nível do espaço infinito, transcendendo os dianas da forma, com eliminação dos objetos da forma e o surgir de não pensamentos conscientes. A pessoa que medita se concentra exclusivamente na infinitude do espaço (transcende todas as formas, sem nenhum conceito do material e sem pensamentos de bom ou mau).

Samadhi do nível da infinitude de consciência transcende o nível da infinitude do espaço. Aqui, o meditador concentra-se apenas na infinitude da consciência (transcende pensamentos de espaço externo e foca na consciência infinita, que percebe o espaço).

Samadhi do nível do vazio transcende o nível da infinitude da consciência. O meditador concentra-se apenas no vazio (de pensamento consciente foca no vazio, no nada — a mente não é puxada por coisa alguma).

Samadhi sem percepção ou não percepção transcende o nível do vazio e concentra-se exclusivamente no que está além do conceito de vazio e adentra o nível nem de percepção nem de não percepção (atinge o estado de nenhum pensamento). Isso não é cessação da mente como a morte, mas um estado de paz profunda sem pensamentos e sem percepções ou não percepções. Este é o estado mais elevado da concentração sem forma.

Carma, obstáculos e superação

Para superar ganância, meditar sobre a impureza de tudo.

Para superar raiva, meditar na compaixão suprema.

Para superar loucura e tolice, os Doze Elos da Corrente de Origem Dependente.

Para superar egoísmo, focar na análise dos quatro grandes elementos.

Para superar distração, meditar na respiração, no contar, inalar e exalar.

Para purificar a mente, meditar nas virtudes de Buda.

Obstáculos (faltas, erros), também chamados de *klesa,* causam perturbação, agitação mental e obstruem alcançar-se o ideal budista. Obstruem a prática e, assim, impedem a obtenção da iluminação. Nem sempre se manifestam, mas estão nas profundezas da mente como inclinações ou tendências e raramente se tornam aparentes.

No *Abhidharma — Comentários e Estudos Filosóficos a Partir dos Ensinamentos de Buda —,* o termo resíduo refere-se particularmente à condição latente, quando o obstáculo está adormecido na mente. O aspecto manifesto é chamado de amarras.

Os erros são considerados como tendo aspectos latentes e manifestos. Os manifestos são muito próximos aos estados mentais negativos do carma. A mente negativa é definida como totalmente possuída pelos obstáculos e, assim como o carma mental negativo, a mente negativa é associada com a mente manifesta. Assim sendo, carma e obstáculos podem ter quase o mesmo sentido.

O carma tem dois aspectos:

1. manifesto;
2. não manifesto.

As ligações individuais podem ser caracterizadas pelo que é chamado de Corrente de Doze Elos da Origem Dependente. Podem ser assim enumeradas:

1. **delusão** – acreditar que o falso é verdadeiro, provocando a ignorância, o desejar com intensidade (cobiça) e o apegar-se aos objetos ou a emoções/sentimentos (amarrar-se), que se tornam obstáculos que, por sua vez, promovem carma;
2. **carma (ações repetitivas, constituintes mentais e o vir a ser)**, que podem resultar em sofrimento; e

3. **sofrimento** – consciência, nome e forma, seis órgãos dos sentidos, contato, sensação, nascimento, velhice e morte.

Os três itens acima correspondem à teoria de causa e efeito, nos três períodos de tempo: passado, presente e futuro.

A combinação de apego e do vir a ser cria ações ou constituintes mentais: apego é o trabalho manifesto das ações e vir a ser é o poder latente do apego.

Todos os conceitos de apego ao eu e todos os aspectos depravados da personalidade aportados nas profundezas da mente são obstáculos. Há escolas budistas (*Sarvastivadins* e *Yogacarins*) que os consideram maus ou neutros. Maus ou não bons existem apenas no nível do desejo, enquanto outros ocorrem nos níveis da forma e da não forma — diferentemente do páli, em que há apenas obstáculos prejudiciais ou não benéficos, sem que haja obstáculos neutros.

A neutralidade moral, conforme os sarvastivadins, tem duas formas. Uma é a neutralidade moral com impedimentos — obstáculos que impedem a sabedoria e obscurecem a mente pura. O mal obstrui a sabedoria, enevoa a mente pura e também causa retribuição negativa, ou seja, infortúnio na próxima existência. Todos os males são obstáculos.

A outra é a não impeditiva neutralidade moral, que é a forma pura de neutralidade e nada tem a ver com obstáculos. Sarvastivadins distinguem quatro tipos:

1. resultado heterogêneo – retribuição resultante de bom ou mau carma;
2. comportamento – andando, em pé, sentado ou deitado;
3. artes e ofícios – arte fina, ofícios e tecnologia; e
4. transformações – frutos de transformações resultantes de poderes supranormais.

Neutralidade moral sem impedimentos. O budismo páli não comenta sobre neutralidade moral impeditiva, mas coloca duas espécies de neutralidade moral: resultados heterogêneos e ações que não são nem boas nem más, retribuições nem positivas nem negativas. Incluídas estão as ações de um aracã, movendo-se entre os três níveis de existência, em um estado sem impedimentos e sem apegos.

Os obstáculos que obstruem a prática e a sabedoria podem ser destruídos pela própria sabedoria. O estado livre é nirvana. A sabedoria ideal (*bodai*, *sambodai*) é tanto latente como manifesta e é condição para a iluminação, para o despertar.

Sinônimos de obstáculos: delusão, poeira, contaminação, resíduos, amarras, penas. Penas: falsos pontos de vista, como a crença em um eu permanente, dúvida ou perplexidade e apego a práticas heréticas. Outros: ganância no mundo do desejo, raiva, apego, orgulho, ignorância, ciúmes, inveja.

Obstáculos: ganância, raiva, langor, tontura, frivolidade, arrependimento, dúvida e perplexidade, desejos sensuais, desejo por existência, pontos de vista falsos, ignorância, arrogância, orgulho etc.

O grupo *Hua-yen* considerava que os sarvastivadins (representante geral da *Hinayana*) definiam causalidade como as condições que levam ao renascimento sob a influência do carma. A *Mahayana* inicial definia como o surgimento de todos os fenômenos da consciência armazenadora — nível da mente em que o processo cármico prospera — e a *Mahayana* posterior definia como todos os fenômenos surgindo do embrião *tathagata*.

Definida como *Mahayana* amadurecida, ou seja, grupo *Hua-yen*, cada fenômeno é uma causa universal, assim que *samsara* é nirvana, e o mundo fenomenal é a única existência verdadeira de acordo com o Darma.

Dos seis grandes elementos — terra, água, fogo, ar, espaço e consciência —, tudo o que existe é formado por eles, que coexistem de forma que um está em todos e todos estão em um. A realidade sob todas as coisas é *tathata* (verdade absoluta — sutras da Sabedoria e Lotus Sutra).

Teoria de cinco períodos de desenvolvimento embriológico explica a consciência dos doze elos: consciência inicial movendo-se do passado ao presente. Embora fossem consideradas metáforas, foram elaboradas pelos estudiosos do *Abhidharma* e tornaram-se a base para a explicação biológica da causalidade.

Os obstáculos de pontos de vista são de aprendizados teóricos e delusões intelectuais e podem ser eliminados através da compreensão das teorias sem erros. Delusões de prática e de vontade são delusões habituais e emocionais. Hábitos persistentes ou propensões, geralmente, não podem ser eliminados apenas pela compreensão intelectual. Necessário esforço por longo período, e são gradualmente eliminadas: ganância, raiva, ignorância, orgulho, dúvida ou perplexidade.

Todos os textos acima foram baseados no livro *Essentials of Buddhism*, de Kogen Mizuno. Os dois textos seguintes foram extraídos de

Textos budistas e zen-budistas[104]

> *Se queres fazer uma metáfora com a vida e a morte,*
> *Compara-as à água e ao gelo;*
> *Quando a água endurece, torna-se gelo,*
> *Quando o gelo derrete, volta a ser água.*
> *Assim, aquele que morre certamente nasce de novo,*
> *E aquele que nasce não escapa da morte;*
> *Água e gelo não se prejudicam um ao outro,*
> *Da mesma forma, são a vida e a morte.*

Poema de Han-Shan, cujo nome significa Montanha Fria, poeta chinês do século VIII. E do *Majihima-Nikaya* (63) — coleção de 152 discursos budistas de média extensão, atribuídos a Buda e seus discípulos mais elevados.

Certa ocasião, um monge de nome Malunkya perguntou por que o Mestre não respondia às seguintes questões: o mundo é finito ou infinito? Corpo e espírito são uma coisa só ou duas coisas separadas? O ser humano tem uma vida além-túmulo?

Buda respondeu:

---

104 GONÇALVES, Ricardo Mário (org.). **Textos Budistas e Zen-Budistas**. 2. ed. São Paulo: Cultrix, 1976.

Certa vez, um homem foi ferido por uma seta envenenada. Os amigos correram a buscar um médico, mas o ferido disse que só consentiria que lhe extraíssem a seta e o tratassem depois que lhe explicassem quem havia atirado a seta, com que arco fora lançada, sua forma, etc. Que teria acontecido a ele? Certamente, há de ter morrido antes de ver esclarecidas suas dúvidas. Malunkya, da mesma forma, respostas a perguntas acerca do caráter finito ou infinito do universo, da natureza da alma, da origem e do fim, não nos libertam do sofrimento. Precisamos libertar-nos do sofrimento nesta mesma vida. Por isso, Malunkya, não te preocupes com as questões que não ensino. Preocupa-te com as que ensino, que são: 1- a existência das insatisfações, 2- a origem das insatisfações, 3- a cessação das insatisfações, e 4- o caminho da cessação das insatisfações.

Purushasukta, o mito védico

"Não havia nem existência nem não-existência, então. Não havia nem os domínios do espaço nem o céu além."[105] Assim começa o Hino da Criação no

---

105 TULL, Herman W. **The Vedic Origins of Karma**: Cosmos as Man in Ancient Indian Myth and Ritual. Albany:

Rigveda 10.129. É a partir de um ser antropomórfico primordial — Purusha — que esta ausência de tudo será preenchida. A narrativa é poética, em sânscrito arcaico, e os estudiosos concordam que é muito difícil sua precisa interpretação (ainda mais com base no sânscrito clássico) de palavras que podem ser consideradas tanto em sentido literal quanto simbólico.

A narrativa da Criação está no *Purusha Sutka*[106]. Trata-se de um hino destinado a ser recitado em praticamente todos os rituais e cerimônias, e também em meditação. Sua importância é apontada pelos estudiosos como síntese e essência da filosofia vedanta, ao incorporar os princípios de meditação (*upasana*), conhecimento (*jnana*), devoção (*bhakti*) e rituais e deveres (*dharma e karma*). Geralmente, são utilizados 24 mantras, que estão reproduzidos a seguir, em tradução livre, a partir da versão em inglês de Stephen Knapp[107].

Sunny Press, 1989. Neste apêndice, encontram-se traduções livres de diversas versões em inglês dos hinos contidos no *Rigveda*, também chamado Livro dos Hinos, que é o primeiro veda e o mais antigo registro literário hindu; é composto de hinos, receitas rituais e de oferendas para divindades.

106 KNAPP, Stephen. **The Purusha Sukta**. Disponível em: stephen-knapp.com. Acesso em: 2 set. 2021.

107 Ibidem.

Invocação à Paz

Nós veneramos e oramos ao Deus Supremo
Pelo bem-estar de todos os seres.
Possam todas as misérias e falhas
Deixarem-nos para sempre
De modo que possamos sempre
Cantar para o Supremo
Durante as cerimônias do fogo* santo.
Possam todas as ervas medicinais crescerem fortes
Para que todas as doenças possam ser curadas.
Que os deuses chovam paz sobre nós.
Possam todas as criaturas de duas pernas ser felizes
E possam todas as criaturas de quatro pernas
Também ser felizes.
Que haja paz nos corações
De todos os seres em todos os reinos.

* O fogo é o elemento ao mesmo tempo básico, central e culminante dos rituais; o calor que produz é o esquentar para a procriação, a fumaça que sobe liga a Terra aos céus, que a devolvem em forma de chuva, que fará germinar as sementes, que fornecerão alimentos, que garantirão os rituais...

Texto 1

O Purusha (o Ser Supremo) tem mil cabeças, mil olhos e mil pés.

Ele envolveu este mundo por todos os lados
E até mesmo o transcendeu
Por dez ângulos ou polegadas.

Texto 2

Tudo isto é muitíssimo Purusha.
Tudo o que existiu no passado
Ou virá a ser no futuro (também é Purusha).
Também, ele é o senhor da imortalidade.
Aquilo que cresce profusamente por comida
(também é Purusha).

Texto 3

Tal é Sua grandeza.
Entretanto, Purusha é maior do que isto.
Todos os seres formam apenas uma quarta parte Dele.
Três quartos Dele, que são eternos,
Estão estabelecidos nos domínios espirituais.

Texto 4

O Purusha com os três quartos (de Sua energia)
ascendeu (à energia espiritual).
Seu quarto de energia material
Torna-se novamente esta criação (e de novo).
Então Ele penetra o Universo
Compreendendo toda uma variedade
De seres sencientes e objetos insencientes.

Texto 5

Dele nasceu o Virat (a imensa forma universal).
Fazendo deste Virat essência,
Outro Purusha (ou ser, Brahma) nasceu.
Tão logo nasceu,
Ele multiplicou-se.
Depois, criou esta Terra e, então, os corpos (seres vivos).

Texto 6

Quando os devas (semideuses ou seres de luz)
Realizaram um yajna (ritual sacrifical),
Usando Purusha como oferenda para o ritual,
Vasanta (a Primavera) tornou-se ajya (manteiga),
Grishma (o Verão) serviu como idhma (pedaços de madeira)
E Sharad (o Outono) tomou o lugar de oferenda.

Texto 7

Para tanto, havia sete paridhis (peças combustíveis nas bordas).
E vinte e um itens foram feitos
Como vestes ou bastões combustíveis.
Quando os devas estavam realizando esta cerimônia,
Eles amarraram Purusha como o animal sacrifical.

Texto 8

Os devas, os sadhyas e os rishis
Realizaram o sacrifício
Usando Purusha como meio do ritual
O Purusha nascido no início,
Depois de borrifá-lo com água pela grama sacrifical.

Texto 9

Deste ritual, no qual o Ser Cósmico era
Ele mesmo a oblação,
Foi produzida a manteiga.
Pássaros voando pelo ar,
Animais selvagens nas florestas
E também todos os animais domesticados nas vilas
Também foram produzidos.

Texto 10

Deste ritual, no qual o Ser Cósmico era
Ele mesmo a oblação,
Nasceram os riks (mantras do Rigveda)
E os samans (mantras do Samaveda).
Deste ritual, as métricas nasceram.
Deste ritual, os yujas (o Yajurveda) nasceram.

Texto 11

Dali nasceram os cavalos
E também animais com duas fileiras de dentes.
Dali nasceu o gado.
Dali nasceram cabras e ovelhas.

Texto 12

Quando os deuses decidiram (mentalmente)
Sacrificar o Viratpurusha,
De quantas maneiras o fizeram?
No que se tornaram Sua face ou boca?
No que se tornaram Seus braços?
No que se tornaram Suas duas coxas?
A que foram chamados os pés?

Texto 13

De Sua boca, surgiram os brahmanas.
De Seus braços, surgiu rajanya.
De Suas duas coxas, surgiram vaishyas.
De Seus dois pés, surgiram shudras.

Brahmana, no Rigveda, significa "aquele conectado com palavras poéticas"[108]. O brahmana é o poeta, que inspira por meio de suas fórmulas e é inspirado, por sua vez, pela divindade, acessada pelo Soma (bebida inebriante à base de ervas, usada nos rituais védicos). Rajanya é o que regula. Vaishya, o que conecta pessoas e as organiza. Shudra, o que busca prosperidade por meio da ação. São consideradas qualidades do ser humano e "Em nível espiritual, no ser humano, todas estas qualidades existem. É tudo parte do ser humano. Ele

---

108 KRISHNAN, Kiron. **Vedā**: Purusha Śuktam. 2016. Disponível em: sanatanadhara.com. Acesso em: 2 set. 2021.

deve ter todas estas qualidades em si mesmo"[109]. Purusha tem em si mesmo todas elas: "Sua boca a parte inspiradora e falante. Suas mãos representam a parte que controla e regula. As coxas conectam as partes superiores e inferiores do corpo e os pés sustentam Purusha. No caso do ser humano, também, isto é verdadeiro"[110].

Texto 14

De Sua mente, nasceu a Lua.
De Seus dois olhos, nasceu o Sol.
De Sua boca, nasceram Indra e Agni (fogo).
De Seu sopro, nasceu o ar.

Texto 15

Do umbigo, foi produzido o espaço entre a Terra e os céus.
O paraíso veio a existir a partir de Sua cabeça.
A terra evoluiu de Seus pés,
E os pontos cardeais, de Seus ouvidos.
Similarmente, também produziu os mundos.

Texto 16

Eu conheço este grande Purusha, este sábio,

---

[109] Ibidem.
[110] Ibidem.

Que, tendo criado as várias formas e suas nomenclaturas,
Lida com elas por meio de seus nomes,
E que está além da escuridão
E é brilhante como o Sol.

Texto 17

Nos tempos antigos,
Prajăpati (Brahma) louvou-O.
Indra, que conhece todos os quatro quartos,
Também falou sobre Ele.
Qualquer um que O conheça, portanto,
Tornar-se-á imortal mesmo nesta vida.
Para conquistar a libertação, não há outro caminho.

Texto 18

Os semideuses adoraram o Criador Supremo em forma de ritual
Através da cerimônia sacrifical.
Aqueles verdadeiros processos
Tornaram-se os primeiros darmas.
Aqueles grandiosos conquistaram aquele paraíso
Onde os antigos semideuses e sadhyas habitam.

Texto 19

Viratpurusha manifesta Ele mesmo
A partir de toda a água
E também da essência do elemento da Terra.

*Viratpurusha nasceu
Da grandeza de Paramapurusha (ou Tvashta), o Criador.
O Tvashta engajou-se no ato da criação
Da figura de Viratpurusha.
Assim, a Criação inteira
Veio a existir
No primevo começo da Criação.*

Texto 20

*Eu conheci este grande Purusha
Que brilha como o Sol
E está além de toda a escuridão.
Um que O conheça
Então torna-se imortal aqui.
Não há outro caminho para a libertação
Que não este.*

Texto 21

*Prajãpati move-se dentro do útero cósmico.
Não nascido, Ele nasce em uma variedade de formas.
Os sábios O conhecem como a origem.
Os criadores (secundários) desejam conquistar
As posições de Marichi e outros.*

Texto 22

*Reverências a Ele, o Brahman auto-iluminado,
Que brilha para os semideuses*

Que é o líder dos rituais dos deuses
E que nasceu antes mesmo dos deuses.

Texto 23
No início da criação, os deuses,
Manifestos na luz de Brahman,
Dirigiram-se a Brahman, então:
"O brahmana que O compreende portanto,
todos os deuses estarão sob seu controle".

Texto 24
Ó, Purusha! As deusas Hri (modéstia) and Sri (saúde)
São suas consortes.
Dia e noite são Seus membros laterais.
A estrelas são Sua forma.
Ashvins são Sua boca escancarada.
Ó, Purusha, satisfaça nosso desejo de autoconhecimento
Assim como também nosso desejo
Pelos prazeres deste mundo.
Dai-nos tudo de que necessitamos.
Om, deixai haver paz, paz, paz.

Prajãpati, o mito brâmane

"No início, isto tudo era inexistente." Este verso soa familiar, remete diretamente ao início do

Hino da Criação védico, mas ele está no começo da narrativa do mito da criação brâmane (a religião que sucedeu os Vedas), mais especificamente na seção destinada ao ritual Agnicayana, no Xatapatha Bhramana. Neste mito, a criação do cosmos e de seus habitantes também provêm do corpo de um ser primordial cósmico, no entanto, Purusha é incorporado por Prajãpati e substituído por ele.

Estudiosos apontam para o elevado valor conferido pelos brâmanes às palavras do Rigveda, que chamam de "discurso divino", e, principalmente, para a extrema importância que os nomes têm para o pensamento brâmane. Pelo nome, pode-se entender a identidade e essência. Assim, Purusha (homem, em sânscrito) deu lugar a Prajãpati (Senhor — *pati* — dos Procriados — *prajã*).

Herman Tull sugere que este nome lhe foi dado devido à natureza sexual da criação do ser cósmico Prajãpati, pois ele vai copular com suas criações, gerando outras. "Unir como um par", que é a frase contida no *Xatapatha Br.*, "carrega a conotação especificamente sexual de cópula"[111]. Diferentemente do *Purusha Sutka*, este mito está diretamente relacionado ao ritual do Agnicayana,

---

[111] TULL, op. cit., p. 65.

como uma iniciação à construção do Altar do Fogo, que impõe rígidos paradigmas para o sacrificador ao reproduzir a cosmogonia em sua atividade ritual. O Agnicayana é tido como o ponto culminante de todos os rituais védicos, o "Ritual dos Rituais".

Agnicayana significa "acumular fogo", e a doutrina afirma que foi o próprio Prajāpati quem o criou:

> Não coloquem no chão todas as minhas formas, fazendo-me grande ou pequeno demais. É por isso que vocês não são imortais. Cerquem com 360 pedras, 360+36 tijolos *ajusmati* (especiais), e 10.800 tijolos *lokamprnā* (ordinários), e vocês estarão colocando todas as minhas formas, e vocês se tornarão imortais.[112]

O Agnicayana é um processo extenso, complexo e detalhado. O objetivo é tornar-se *saloka* (um só com o todo). Ao replicar a criação primordial de Prajāpati, o *agnicit* (o sacrificador) gera, por meio do altar do fogo, o Cosmo fora de si mesmo. Tull assinala: "O resultado desta atividade é a conquista, pelo sacrificador, de um estado unificado, não decadente e imortal; ou seja, um estado no qual

---

[112] KAK, Subhash. **The Hindu Temple Is a Representation of the Cosmos and the Mystery of Time**. Disponível em: swarajyamaga.com. 2016. Acesso em: 2 set. 2021.

o sacrificador – assim como Prajãpati, que é o Cosmo — compreende sua identidade com o Cosmo"[113].

Resumidamente, o Agnicayana define os formatos de templos que podem ser desenhados (águia, tartaruga etc.) e fornece as instruções pormenorizadas da construção. O sacrificador precisa moldar com barro uma panela de fogo, que ele levará a tiracolo pelo período de um ano antes de construir o altar. Por um ano, também, levará pendurada no pescoço uma placa de ouro. O ano é identificado com a morte, e este período significa uma "gestação", cujo objetivo é ultrapassar tudo o que é regido pelo ano, ou seja, superar o reino da morte. Esta panela servirá especificamente para transportar o fogo sagrado ao novo altar, enterrando-a na camada mais baixa, dando-lhe o seu próprio "eu", dando-lhe um nascimento. Do mesmo modo, este fogo está diretamente relacionado ao próprio sacrificador, assim como os primeiros oito tijolos, que são feitos por sua esposa com o mesmo barro e tornam-se seus "filhos".

O próximo passo é construir a base para o fogo (*Gãrhapatya*), representando a Terra, que significa uma fundação terrena entre sacrificador e altar.

---

[113] TULL, op. cit., p. 80.

Depois, ele deposita seu sêmen na panela do fogo sagrado, significando que ele mesmo entra na Terra. Ao longo do ritual, o sacrificador estará no rumo de adentrar o Cosmo desconhecido, mas precisa voltar. Não voltar seria morrer. E é o fato de depositar o sêmen na panela, criando *Gãrhapatya*, que lhe garante uma fundação capaz de evitar que ele se perca na jornada, chamada de "difícil ascensão".

Os tijolos são dispostos em cinco camadas, com um padrão entre a primeira, a terceira e a quinta, e outro padrão entre a segunda e a quarta. No solo sobre o qual será construído o altar são colocadas várias sementes e são enterradas imagens de animais e do sacrificador, feitas de ouro ou barro.

Onde será erguido o altar, o sacrificador cava oito valetas em todas as direções, despeja água no lugar do altar, dando-lhe a "chuva", e planta todo tipo de sementes, que darão alimento e remédio para "curar" o altar.

A construção do altar começa com uma flor de Lótus (que é identificada com o útero) colocada no centro do local e, sobre ela, a placa de ouro que o sacrificador carregou por todo o ano. Sobre esta, ele deposita um homem de ouro, que representa simultaneamente ele mesmo, Prajãpati e o altar. Acrescenta, ainda, duas colheres, representando braços e dois tijolos, que representam seus testículos, significando que não importa a nova existência que ele venha a obter, ainda poderá continuar a realizar os ritos védicos e procriar.

Depois, o sacrificador deposita sobre o homem de ouro o primeiro tijolo especial, que é perfurado, simbolizando uma passagem no altar para a ascensão do sacrificador. Na panela do fogo sagrado, são depositadas cinco cabeças de animais sacrificais tradicionais dos rituais védicos (cabra, ovelha, vaca, cavalo e ser humano) ou apenas a da cabra, que representa todas as outras. Na(s) cabeça(s), são colocadas sete lascas de ouro e mais tijolos, que representam as respirações vitais resultantes do afinco dos Rxis, que, por sua vez, representam a formação do corpo de Prajãpati e sua cabeça.

Então, todos os demais tijolos começam a ser posicionados até que completem os cinco níveis do altar. Estas camadas são identificadas com as cinco esferas do Cosmo (Terra, espaço intermediário, atmosfera, espaço intermediário e os céus) e com pés, pernas, cintura, tórax e cabeça de Prajãpati.

> O ambiente controlado do Agnicayana permite ao sacrificador completar sua ascensão verticalmente através do Cosmo à medida em que completa a construção de cada nível do altar. Assim, com a finalização do quinto nível, "o sacrificador, tendo

cobrido completamente todos estes mundos, adentra o mundo celestial".[114]

Eles dizem: "O que era aquele não-existente?". Os Rxis de fato eram o não-existente, no começo. Eles dizem: "Quem eram os Rxis?". Os Rxis, os ares vitais (prãna). Antes de o Universo ser existente, desejando-o, eles pereceram por seu afinco e seu calor. Portanto, são chamados Rxis.[115]

Foram as atividades dos Rxis que geraram as condições necessárias para que Prajãpati existisse. Ao perecer, deixaram os ares vitais, que foram expostos ao fogo e emanaram sete pessoas distintas. Estas logo perceberam, entretanto, que, separadas, era impossível procriarem e, então, juntaram-se todas em uma só pessoa (*purusha*). Formaram elas mesmas o corpo, mas a cabeça foi formada separadamente, a partir de suas essências individuais, a somatória de suas respirações vitais. "Esta ideia não só estabelece a cabeça como o microcosmo do corpo, mas também um microcosmo que representa a natureza essencial do corpo."[116] E esta pessoa tornou-se Prajãpati.

---

114 XATAPATHA Brahmana. 6.1.1.1 apud TULL, p. 95.
115 Ibid., p. 61.
116 Ibid., p. 62.

Imediatamente, Prajāpati afirma que precisa ser múltiplo e que precisa procriar. Então, ele se esforça, se esquenta e finalmente emana. "Ele se aqueceu e ficou exausto. O brahman foi primeiro emanado, o triplo conhecimento. Aquilo tornou-se uma fundação para ele. Portanto, dizem: 'O brahman é a fundação deste todo (o Universo).'"[117]

Uma vez criado o *brahman*, Prajāpati novamente diz querer ser múltiplo e poder procriar. Então, esquenta-se novamente e emana espuma, pois é uma forma metade ar, metade água, como um estado intermediário entre matéria e espírito. Em seguida, na terceira emanação, ele cria a Terra e seus elementos.

A partir deste ponto, Prajāpati vai "unir-se em par" com a Terra, gerando um ovo, do qual emergem os constituintes do Cosmos. Esta união representa o caráter dual do Cosmo.

> Esta dualidade é manifestada na ideia de que a natureza essencial das várias esferas cósmicas estão incorporadas em certos fenômenos naturais, representados como deidades: a Terra, no fogo (Agni); a atmosfera, no vento (Vāyu); os céus,

---

[117] Ibid., p. 63.

> no Sol (Āditya); e os pontos cardeais, na Lua (Candramas).[118]

Assim, é por meio do fogo que Prajāpati se une à Terra, e o resultado também é um ovo. O que estava dentro tornou-se o vento e a casca, a atmosfera, ou seja, a atmosfera como plano cósmico material e o vento como o fenômeno natural (o aspecto animado) que o representa.

Prajāpati, então, une-se com a atmosfera por meio do vento para produzir outro ovo. A casca torna-se os céus e o embrião, o Sol. Por meio do Sol, Prajāpati une-se com os céus, produzindo mais um ovo, cuja casca se torna os pontos cardeais, e o embrião, a Lua. Uma vez criados os planos cósmicos, Prajāpati volta-se para a criação dos seres. Para tanto, utiliza-se de apenas dois elementos: a fala e a mente, que representam a essência da existência. Então, ele se une em par com a fala por meio da mente, e o resultado dessa união é que ele mesmo engravida.

> Como consequência de sua gravidez, Prajāpati gera as várias deidades que são associadas aos quatro reinos cósmicos: os Vāsus, associados a Agni e à Terra; os Rudras, associados a Vāyu e à atmosfera;

---

118 Ibid., p. 65.

os Ādityas, associados ao Sol e aos céus; e os Visvadevas, associados à Lua e aos pontos cardeais. No pensamento védico, os Vãsus, Rudras e Ādityas personificam os fenômenos naturais de cada uma das três esferas de Terra, atmosfera e céus, enquanto os Visvadevas parecem ter personificado a noção de universalidade e portanto são apropriadamente identificados aqui com os pontos cardeais, que estão em todo lugar ao mesmo tempo.[119]

E, assim, Prajãpati conclui a criação do Cosmo.

---

[119] Ibid., p. 67.

GRANDES SUCESSOS DE
ZIBIA GASPARETTO

Com 20 milhões de títulos vendidos, a autora tem contribuído para o fortalecimento da literatura espiritualista no mercado editorial e para a popularização da espiritualidade. Conheça os sucessos da escritora.

Romances
pelo espírito Lucius

- A força da vida
- A verdade de cada um
- A vida sabe o que faz
- Ela confiou na vida
- Entre o amor e a guerra
- Esmeralda
- Espinhos do tempo
- Laços eternos
- Nada é por acaso
- Ninguém é de ninguém
- O advogado de Deus
- O amanhã a Deus pertence
- O amor venceu
- O encontro inesperado
- O fio do destino
- O poder da escolha
- O matuto
- O morro das ilusões
- Onde está Teresa?
- Pelas portas do coração
- Quando a vida escolhe
- Quando chega a hora
- Quando é preciso voltar
- Se abrindo pra vida
- Sem medo de viver
- Só o amor consegue
- Somos todos inocentes
- Tudo tem seu preço
- Tudo valeu a pena
- Um amor de verdade
- Vencendo o passado

Crônicas

A hora é agora!
Bate-papo com o Além
Contos do dia a dia
Conversando Contigo!
Pare de sofrer
Pedaços do cotidiano
O mundo em que eu vivo
Voltas que a vida dá
Você sempre ganha!

Coletânea

Eu comigo!
Recados de Zibia Gasparetto
Reflexões diárias

Desenvolvimento pessoal

Em busca de respostas
Grandes frases
O poder da vida
Vá em frente!

Fatos e estudos

Eles continuam entre nós vol. 1
Eles continuam entre nós vol. 2

CC
CALU

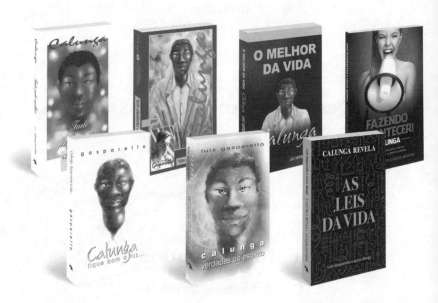

LEÇÃO
NGA

Nosso amigo Calunga presenteia-nos com uma cativante coleção de livros e mostra, por meio de sua maneira carinhosa, sábia e simples de abordar a vida, verdades profundas, que tocam nosso espírito, possibilitando uma transformação positiva de nossas realidades.

Saiba mais
www.gasparettoplay.com.br

Livros que ensinam você a viver com os recursos de sua fonte interior

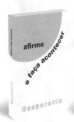     

| Afirme e faça acontecer | Atitude | Conserto para uma alma só | Cure sua mente agora! | Faça dar certo | Gasparetto responde! |

| O corpo – Seu bicho inteligente | Para viver sem sofrer | Prosperidade profissional | Revelação da luz e das sombras | Se ligue em você | Segredos da prosperidade |

Coleção Amplitude

Você está onde se põe — Você é seu carro — A vida lhe trata como você se trata — A coragem de se ver

A vida oferece possibilidades infinitas. Explorar-se é ampliar-se. Uma coleção de livros que ensina o leitor a conquistar o seu espaço e a viver além de seus limites.

Coleção Metafísica da Saúde

Sistemas respiratório e digestivo   Sistemas circulatório, urinário e reprodutor   Sistemas endócrino e muscular   Sistema nervoso   Sistemas ósseo e articular

Luiz Gasparetto e Valcapelli explicam, de forma direta e clara, como funciona o corpo humano e mostram que as dificuldades e o desencadeamento de doenças são sinais de que a pessoa não está fazendo uso adequado de seus poderes naturais.

Livros infantis

A vaidade da Lolita   Se ligue em você   Se ligue em você 2   Se ligue em você 3

O universo infantil apresentado de forma simples e atraente para a criançada. Nos livros do Tio Gaspa, os pequenos aprendem a lidar com várias situações e diversos sentimentos, como alegria, medo, frustração e orgulho, e entendem a importância da autoestima e da autoaceitação na vida.

vidaeconsciencia.com.br   /vidaeconsciencia   @vidaeconsciencia

Rua das Oiticicas, 75 — SP
55 11 2613-4777

contato@vidaeconsciencia.com.br
www.vidaeconsciencia.com.br